누구를 위한 부의 축적인가

KIGYOU RINRI TOWA NANIKA
Copyright © 2005 by Masahiko HIRATA
First published in 2005 in Japan by PHP Institute, Inc.
Korean translation rights arranged with PHP Institute, Inc.
through Japan Foreign-Rights Centre Shinwon Agency Co.
Korean translation rights © 2016 by Mellon publishing Co., Ltd.

| 일러두기 |

이 책은 각 장을 시작할 때마다 이시다 바이간의 저작 『도비문답』과 『제가론』,
그리고 그의 문하생들이 정리한 『이시다선생어록』과 『이시다선생사적』에 나오
는 내용을 가능한 한 뜻을 살리면서 읽기 쉽게 손질해 인용하고 있다.

일본의 고유명사 표기는 외래어표기법에 따랐다. 다만 우리나라에 이미 한자어
그대로 알려져 굳어진 개념이나 용어는 그대로 두었다. 이 기준에 어중간한 용
어는 우리나라 사람들에게 익숙한 한자식 표기법에 따르고 괄호 안에 한자와
일본어 발음을 병기했다. 이와 함께 현장에서 굳어진 외래어는 외래어표기법에
준해 쓰고 괄호 안에 원어를 병기했다.

이 책의 내용을 이해하는 데 필요하다고 판단되는 일본 역사와 관련된 간략한
지식과 전문 용어들은 책 뒤쪽에 '용어 해설'을 두어 정리해놓았다.

누구를 위한
부의 축적인가

| 히라다 마사히코 지음 · 양억관 옮김 |

멜론

| 차례 |

상생하는 세상, 상도의 재발견

이시다 바이간은 사농공상의 계급질서가 엄격했던 18세기 일본 사회에서 상인을 위한 독특하면서도 보편성 있는 경제사상을 창조한 사상가였다. 상인은 경제를 담당하는 주요한 계층이었음에도 불구하고 거기에 합당한 대우를 받지 못하는 천한 사람들이었다. 그러나 일본 사회의 상인은 설령 그 계층의 지위는 낮다 하더라도 결코 무시할 수 없는 힘을 가지고 있었다. 전국시대의 무장 가운데는 상인 출신도 있었고, 16세기 전국시대에 일본 다도茶道를 정립한 최고의 문화인 센리큐千利休도 상인이었다. 그들은 오랜 상업문화의 전통 속에서 감히 무시할 수 없는 문화적 역량과 경제적 힘을 축적하고 있었다. 이시다 바이간 같은 경제사상가가 나타나기까지 결코 가벼이 볼 수 없는 두터운 문화의 층이 배후에 깔려 있었던 것이다.

도쿠가와 이에야스가 통일정권을 세운 이후로 일본은 200년 넘게 오랜 평화시대를 구가했다. 지금 우리가 접하는 일본의 전통문화 대부분은 그 시대에 꽃을 피웠다. 특히 바이간이 살았던 18세기는 찬란했다고 표현해도 좋을 만큼 깊고 향기로운 문화가 기틀을 잡은 시기였다는 것을 알아두어야겠다. 바이간과 그 시대의 성격에 대해서는 곧 발간될 예정인 그의 저서 『도비문답都鄙問答』과 그 해설에 맡기기로 하고 여기서는 그 사상의 현대적 성격 내지는 미래적 선구성에 대해 간단히 말하기로 하겠다.

바이간은 신도와 유학과 불교 공부를 통해 나름대로 신神이나 마음心과 같은 보편적인 가치를 정립했다. 신이나 마음과 같은 보편적 가치의 정립은 그의 사상을 이해하는 데 매우 중요한 포인트가 된다. 시대의 권력자, 계급사회의 맨 꼭대기에 위치한 무사들만을 위한 세상이 아님을 그 시대의 언어로 표현하는 데 가장 합리적이면서도 전략적인 방편일 수 있기 때문이다.

신과 마음을 모시는 한 모든 인간은 평등할 수 있다. 거기에 계급이 들어설 여지란 없다. 그가 특히 힘주어 말하는 '마음'을 스스로 인식하고 깨닫는 행위 또는 수행을 통해 어느 경지에 이르렀을 때 천하의 모든 존재나 일들이 하나로 어우러진다는 것을 알게 된다. 천하에 서로 관련이 없는 존재란 없다. 그러므로 상인은 천하의 모든 존재를 위해 노력하고 그 대가로 보수를 얻어야 하며, 그 보수가 바로 이익이다. 모든 존재가 그물처럼 얽혀 같은 시공간 속에서 모든 것이 평등하게 서로의 존립을 보장하는 세상이므로 감히 개인의 이익만을 추구하는 행위가 나올 수 없다. 이것이 그가 주장하는 상도商道의 핵심이다.

이 책의 저자는 다가올 미래의 경제가 바로 이러한 관계성의 인식에 기초하는 상생의 사상이 밑받침되어야 한다고 말하면서 지금 그러한 움직임이 경제계에서 왕성하게 일어나고 있음을 여러 예를 들어 설명한다. 그런 사상이 환경이 위태로운 지금의 세계를 올바르게 반영하는 경제 행위를 보장할 것이라고 한다. 그것을 '기업의 사회적 책임'이란 말로 간단히 정리하고 있는데, 차라리 '기업의 지구적 책임'이라고 해야 할 것 같은 생각마저 든다. 전 세계가 미국발 경제위기에 벌벌 떨고 있는 지금이기에 더욱 눈길을 끄는 글이다. 글 가운데서 저자는 '펀드 캐피털리즘'의 위험에 대해 지적하고 있는데, 이 글이 지금의 경제위기가 가시화되기 전인 2005년에 씌어졌다는 것을 생각하면 저자의 혜안에 감탄하지 않을 수 없다.

지금 세계는 중국의 천민 자본주의와 미국식 펀드 캐피털리즘 때문에 큰 어려움을 겪고 있다. 그 규모와 영향력의 면에서 과거 지구를 지배하던 대제국의 위용을 충분할 만큼 갖추고 있는 이 두 나라의 브레이크 없는 욕망의 경제가 21세기 초기 사람들의 생명을 위협하고 경제적 삶을 벼랑으로 내몰고 있다. 남이야 살든 죽든 나만 잘 먹고 잘 살면 된다는 식의 천민 자본주의는 전 세계의 먹을거리를 중독 공포증으로 몰아가고 세계의 하늘을 매연으로 덮어버리고 있다.

한편 대륙의 반대편에 있는 미국은 화폐의 상징 기능성을 한껏 활용하여 치열한 투기의 두뇌게임을 통해 세상의 모든 부를 삼키려 하다가 자신의 발목에 제 발이 걸려 넘어지려 하고 있다. 그것 참 깨소금 맛이라고 박수라도 치고 싶은 심정이지만 그것 때문에 세계의 모든 경제 질서가 뒤틀리고 모든 사람이 고통받고 있다는 현실에서 그럴 수도 없는 노릇이다.

어떻게든 이 위기를 넘겨야 한다. 그러나 위기를 넘어서는 데서 그쳐서는 안 된다. 우리는 이제 새로운 경제학을 찾아나서야 하고 그 경제학을 가능하게 할 새로운 사상을 높이 세워야 한다. 바로 여기에 이시다 바이간이라는 에도시대의 경제사상가가 새로이 등장해야 할 이유가 있다.

저자는 큰 기업과 그것을 둘러싼 작은 기업들, 그리고 그 기업의 생산품을 소비하는 소비자 모두가 함께 살아갈 수 있는 공생의 경제 질서를 세우는 데 필요한 경제사상으로서 이시다 바이간의 '심학心學'을 시의적절한 언어로 해설하였다. 그리고 그 사상을 이어받은 후계자로서 마츠시타전기의 설립자 마츠시타 코노스케, 교세라의 설립자 이나모리 카즈오를 들고 있다. 이 두 기업가는 세계의 모

든 경제인들이 모범으로 삼을 만한 나름의 철학을 가지고 실천적
으로 산(살고 있는) 사람이다. 그 전통을 이어받아 또 다른 희망의
사상을 실천할 경제인을 사정거리에 두고 쓴 단순명쾌한 글이다.

양억관

기업의 사회적 책임

기업의 불상사와 그 과제

요즘 '기업의 사회적 책임'이라는 말이 사회적 논의의 대상이 되고 있다. 사실 이 말은 아주 오래 전부터 있었다. 그러나 이것이 주요한 사회문제로 다루어지고 지속적으로 눈길을 끌기 시작한 것은 최근의 일이다.

그 배경으로는 우선 기업이 규모가 커지면서 한 나라의 사회와 경제, 정치에 대해 영향력이 강해졌다는 것을 들 수 있겠다. 다음으로 시장경제의 글로벌화와 함께 기업의 영향력도 글로벌 차원으로 확대되기에 이르자 개발도상국들은 물론이고 UN이나 OECD 경제협력개발기구의 기업윤리에 대한 요청이 커졌다는 데 있다.

시장경제의 글로벌화는 또한 코퍼레이트 거버넌스 Corporate

governance 개념을 전 세계에 침투시켰다. 그리고 기업의 대주주는 회사에 대한 책임과 함께 시민사회에 대한 책임도 마땅히 가져야 한다는 사고가 시대적인 요청으로 제시되었다.

제2차 세계대전 이후 가파른 성장을 거듭해온 미국이 1980년 대 말 꺾이기 시작하고, 일본은 1990년대 들어 성장의 둔화와 더불어 거품경제의 붕괴를 경험했다. 선진국들의 기업들이 전후의 고도 성장기 때는 겪어보지 못한 미답의 체험을 하면서 그때까지 감춰졌던 기업의 취약 부분이 그대로 드러났다. 그 가운데 가장 두드러진 현상이 기업의 비윤리적인 경영 실태였다.

일본의 예를 들자면 공기업의 담합, 뇌물 사건, 약제에 의한 에이즈 감염, 총회꾼에 대한 부정한 이익 제공, 증권회사의 손실 보전, 은행의 불량 채권, 자동차 회사의 리콜 은폐, 수입 쇠고기 눈속임 등 모든 업계에 걸쳐 부정행위가 나타났다.

이런 일련의 사건들을 통해 사회적 책임이나 윤리에 대한 자각 없이 몸집만 키워온 기업의 정신적 병폐가 알려지게 되었다. 기업의 경영자들은 고도성장과 물질적 번영이 영원히 지속되리라는 환상에 사로잡혀 '기업윤리'의 기본 이념을 망각했던 것이다.

이에 대해 가장 거센 반응을 보인 것은 다름 아닌 소비자이며 지역 주민이며 가족을 지키려는 시민이었다. 그들의 목소리가 매스컴에 보도되면서 큰 반향을 불러일으켰다. '소비자를 지키는 모임', '식품 안전을 감시하는 모임' 등이 NPO 비영리조직 활동으로 퍼져나가고 NGO 비정부조직 와도 연계되기에 이르렀다. 그런 다양한 활동이 글로벌화의 물결을 타고 기업에 대한 사회적 책임을 강력하게 요청하기에 이르렀다.

이와 함께 지구의 환경문제가 절실하고 긴급한 과제로 대두되었다. 진지하게 지구의 미래를 생각하는 사람들이 늘었고, 이들이 세계적으로 연대하여 운동을 펼치면서 문제가 명백해졌다. 이에 따라 기업이 배출하는 이산화탄소 CO_2 등 해결해야 할 과제가 많아졌다.

더군다나 개발도상국들은 대부분 법률을 제대로 집행할 체제조차 갖추지 못한 상태이다. 이들 국가들은 외국자본을 끌어들이려는 정책적 의도에서 환경기준, 노동기준, 안전기준 등을 풀어버린다. 어린이 노동문제, 노동환경 문제 등이 인권문제로 제기되는 것도 그런 법률적 시스템이 미비한 탓이다. 지구환경 보호, 인권보호를 위해 활동하는 NGO는 UN이나 OECD와 손을 잡고 다국적 기업과 각국 정부에 엄격한 대응을 요구하고 있다.

CSR의 기원

이러한 발생 과정에서 알 수 있듯이 지금껏 '기업의 사회적 책임'이란 개념은 기업이 마지못해 고려해보는 귀찮은 어떤 것이었다. 그러나 이제 보다 적극적이고 미래지향적으로 인식해야 한다는 흐름이 강해지면서 운동 차원으로 떠올랐다. 그것이 CSR Corporate Social Responsibility, 기업의 사회적 책임 운동이다.

CSR의 큰 물결을 일으킨 주역은 EU 유럽연합다. 유럽이 통합되면서 '사람, 물질, 돈'의 흐름이 자유로워지자 기업은 EU 안에서 마음껏 공장을 짓고 영업을 할 수 있게 되었다. 그 결과 지역 간 균형이 깨졌다. 번영하는 지역이 있는가 하면 실업자가 증가하고 피폐하는 지역이 생겨 지역 간 격차가 심화되었다.

게다가 EU는 가맹 조건으로 "해마다 재정 적자를 GDP 대비 3% 이내로 억제할 것"이라는 의무 조항을 두었다. 각국 정부가 실업자나 경제 정체 지역을 위해 적극적으로 재정 정책을 펼 수 없다는 말이다. 그런 사정 때문에 사회문제의 해결은 정부가 아니라 기업 스스로 적극적으로 처리해야 한다는 여론이 급속히 퍼져나갔다.

2000년 12월 포르투갈 리스본에서 열린 EU평의회 정상회의에서 EU 각국의 정상들은 2010년을 목표로 사회적 통합과 지식 집약형 경제 발전을 결합한 새로운 전략목표를 채택했다. 그 열쇠로 떠오른 것이 바로 CSR이었다. 평의회는 기업에 대해 CSR을 실천하라는 특별 요청안을 발표했다. 영국과 프랑스는 CSR 담당 장관을 임명하고 내용 논의를 위해 멀티 스테이크홀더 포럼Multi stakeholder forum, 다각적 이해관계자 회의을 발족했다. 이를 계기로 각국 정부와 기업들이 CSR에 대해 적극적으로 관심을 보이기 시작했다.

반면에 유럽과는 달리 미국의 CSR은 민간 중심으로 펼쳐졌다. 다국적 기업이 많은 미국에서는 자연스럽게 UN이나 OECD, 글로벌화한 NGO의 활동과 유기적으로 관련을 맺으며 발전되었다. 미국의 다국적 기업은 과거 10년 동안 '사회적 책임' 문제로 NGO를 비롯해 시민들에게 상당한 수업료를 지불해왔다. 그런 만큼 미국 내에서의 CSR의 흐름을 무시할 수 없는 형편이다. 유럽과는 다른 방식으로 전개되었지만 기업의 사회적 책임에 대해 적극적이고 자율적인 방향으로 나아간다는 점에서 마찬가지라 하겠다.

CSR은 무엇을 지향하는가

CSR이라는 말이 일본의 기업윤리 전문가 사이에서 회자되기 시작한 것은 2001년경이다. 2003년 3월 3일 경제동우회經濟同友會가 제15회 화이트페이퍼에서 '시장의 진화와 사회적 책임'이라는 표제로 CSR을 내걸었고, 이와 함께 일본경단련日本經団聯에서 논의를 시작했다. 이를 계기로 2003년 중반에 이르면 CSR담당이나 CSR부를 신설하는 기업이 늘어났다.

일본 기업들은 이례적일 정도로 신속하게 CSR을 받아들였다. 그 이유가 무엇인지 정리해보자. 첫째, 기업의 사회적 책임을 적극적으로 받아들여야 할 시대라는 인식하에 CSR을 경영 개혁의 계기로 삼아야 한다는 것. 둘째, CSR이 주는 시대를 앞서가는 기업 이미지를 활용해 브랜드 가치를 높일 수 있다는 것. 셋째, ISO국제표준화기구의 국제규격화의 결정에 뒤처지지 않게 대비해야 한다는 것.

그러나 CSR은 우선 그 정의가 명확하지 않다는 데 어려움이 있다. CSR은 매우 광범위한 개념이어서 어디에 중점을 두느냐에 따라 기업이 어떤 방법을 취할지가 결정된다. 일본만 하더라도 CSR이 여러 가지로 해석되고 있다. 그러나 기본은 EU위원회가 2002년에 'EU화이트페이퍼'에서 발표한 다음과 같은 정의에 있다고 보아야 할 것이다.

> 기업은 지속 가능한 비즈니스에 성공하기 위해서 사회적으로 책임 있는 행동을 해야 한다는 인식을 가져야 하며, 기업활동이나 스테이크홀더와의 상호관계 속에 사회와 환경문제를 자주적으로 포함시키는 태도를 가져야 한다.

여기서 가장 중요한 키워드는 세 가지로 요약된다. 지속 가능한 성장을 지향한다는 것, 스테이크홀더와 상호관계 속에서 개선해 나간다는 것, 자주적이며 자발적으로 실천한다는 것. 이 세 가지

측면을 자세히 살펴보자.

첫째, 지속 가능한 성장을 지향한다. 지속가능성sustainability이란 말은 EU의 '환경과 개발에 관한 세계위원회WCED, World Commission on Environment and Development'가 1987년에 처음 공표한 이후 지구환경을 고려하는 용어로 널리 사용하고 있다. 이 보고서에 따르면 "미래 세대의 욕구를 충족시키면서 현세대의 욕구를 만족시킨다."라고 정의하고 있다. 지속가능성 개념은 이와 같이 다음 세대에 대한 배려를 담고 있어 CSR에서 결코 빠뜨릴 수 없는 것이 되었다.

둘째, 스테이크홀더와 상호관계 속에서 개선해나간다. 시장경제 체제하에서 활동하는 기업은 당연히 모든 것을 스스로 책임져야 한다. 성공도 실패도 모두 경영자의 책임이다. 실패하면 시장에서 물러나야 한다. 따라서 경영자는 자기식으로 경영을 하게 마련이다. 이에 반해 CSR이 지향하는 경영은 그 기업을 둘러싼 스테이크홀더의 상호관계를 중시하므로 서로에게 이익이 될 수 있는 이른바 '윈-윈win - win 관계'를 기본으로 한다.

스테이크홀더의 범위는 넓다. 과거에는 종업원, 주주, 소비자, 고객, 하청업체, 금융기관, 관청 등이 주요 스테이크홀더였다. 그러나 CSR은 환경이나 인권은 물론이려니와 NPO나 지역 주민을 포함하는 더 넓은 사회적 관계를 스테이크홀더로 인식한다.

CSR에 대한 해석이 다양한 것도 이 때문이다. 각 스테이크홀더는 기업에 대해 더 광범위하고 친밀한 서비스를 요구한다. 그러나 하나의 기업이 모든 스테이크홀더와 균등하게 상호관계를 가지기란 불가능하다. 그 상호관계의 양상도 상대에 따라 달라진다. 또한 CSR의 중심을 어디에 두느냐는 기업마다 다를 수밖에 없다. 따라서 각 기업을 일직선상에 늘어세워 똑같은 것을 요구해서는 안 될 일이다. 핵심은 그 기업의 특성에 맞는 무엇을 창출해내는 데 있다.

셋째, 자주적이며 자발적으로 실천한다. CSR은 어떤 배경에서 생겨났을까. 시장경제가 복잡해지고 경쟁이 심해짐에 따라 상거래법이나 공정위원회가 정하는 법률이나 벌칙만으로는 건전한 경제활동을 유지할 수 없게 되었다. 거기에 덧붙여서 지구환경 문제가 시장경제에 대해 새로운 것을 요청하기 시작했다. 그 요청에 응하기 위해 CSR이라는 새로운 이념이 생겨난 것이다.

아직은 하나의 시도일 뿐 완성된 무엇이 아니다. 따라서 파랑새를 찾는 심정으로 'CSR은 어디에 있을까?' 하고 이리저리 눈길을 돌려본들 그 모습을 찾을 수 없다. 결국에는 '지속가능성'과 '스테이크홀더와 상호관계의 심화'라는 두 가지 새로운 콘셉트를 깊이 이해하여 자기 기업에 맞는 이념을 창조해서 사회를 향해 던질 수밖에 없다. 그때 가장 중요한 것이 '자발성'이다. 자발성이야말로 CSR에서 가장 중요한 키워드이다.

자발성은 어디서 비롯하는 것일까? 그것은 '기업의 사회적 책임'에 대한 경영자의 자각이며 결국 최고경영자의 '윤리관'으로 귀착한다. 그렇다면 경영자의 '윤리관'은 그 기원을 어디서 찾아야 할까? 일본인에게는 고유의 풍토에서 성장한 윤리관이 있다. 근대 일본을 만든 시부사와 에이치澁澤榮一나 니토베 이나조新渡戸稲造의 사상에서 찾아볼 수 있다. 그러나 그 이전에 에도시대江戸時代에도 성숙한 윤리관에 입각하여 '상행위란 무엇인가?'를 탐구한 학자가 있었다. 그 사람이 바로 이 책에서 다룰 이시다 바이간石田梅岩이다.

왜 지금 이시다 바이간인가

자본주의 정신의 원천에는 막스 베버Max Weber가 말하는 프로테스탄티즘 윤리Protestantism Ethic가 자리하고 있다. 자본의 윤리와 대척점에 있는 금욕의 윤리가 자본주의 형성의 에너지였다는 것이다.

애덤 스미스Adam Smith도 『국부론Wealth of Nations』을 저술하기 전에 『도덕감정론The Theory of Moral Sentiments』을 썼다. 우리는 이런 예를 통해 자본주의의 성립 과정에서 '자본의 논리'가 윤리 도덕과 멋진 조화를 이루었다는 사실을 알 수 있다. 애덤 스미스는 사회 전체를 적절하고 조화롭게 이끄는 어떤 작용을 '보이지 않는 손invisible hand'이라고 했다. 그리고 그 배경에는 욕망과 윤리의 조화가 있다는 것이다.

일본은 에도시대의 상업에서 자본주의의 싹을 틔웠다. 농본주의와 봉건주의 체제에서 자본의 논리를 형성한다는 것은 심각한 사회적 저항에 부딪칠 수밖에 없기에 에도시대 선구자들의 고뇌는 컸다. 그런 선구자들 가운데 한 사람이 이시다 바이간1685~1744이다.

이시다 바이간의 학문은 '사람의 사람다운 길'을 탐구하는 데서 출발한다. 그가 연구하고 실천한 상업논리와 자본논리의 배경에는 '윤리와 도덕'이 있었다. 그것을 전제로 '상도商道'를 확립했다.

이시다 바이간이 내세운 '상도'는 에도시대의 많은 상인쇼닌, 商人들에게서 환영받았다. 그 결과 바이간의 심학강사心學講舍는 그 예를 찾아볼 수 없을 만큼 널리 퍼져나갔다. 그런 점에서 볼 때 서양과 마찬가지로 일본에서도 '자본의 논리'와 '윤리'가 적절하게 균형을 이뤄 일본식 자본주의가 형성되었다고 할 수 있을 것이다.

그러나 오늘날 일본의 자본주의에서 좀처럼 그런 조화를 찾기가 힘들다. 그러기에 지금 우리는 건전한 경제활동의 기반이 되는 그런 조화를 회복하기 위해 '기업의 사회적 책임'을 묻는 것이다.

그러나 사회적 책임이란 법률로 규제한다고 해서 해결될 간단한 문제가 아니다. 법률을 적용하면 흑백이 뚜렷하지 않은 회색 지대가 생기게 마련이다. 중요한 것은 법률 해석이 아니라 어떤 윤리관을 가지고 경제활동을 판단하느냐이다. 그것이 사회적 책임문제의 본질이다. 특히 CSR이 요구하는 것은 단순히 방어적 경영이나 위기관리만이 아니다. 기업이 사회 전체를 건전하게 이끌어가는 데 필요한 사명감과 명확한 이념을 가질 수 있게 해주는 것이 CSR의 목적이다.

그러려면 기업 스스로 나름의 윤리관을 세워야 한다. 나아가 경영자 자신이 확고한 윤리관을 바탕으로 자본의 논리와 조화를 이루는 도덕관을 확립해야 한다. 다시 말해 자본주의 형성의 원점으로 돌아가야 한다. 21세기의 현시점에서 일본 자본주의 정신을 확립한 이시다 바이간을 다시 읽어야 하는 이유가 바로 여기에 있다.

'기업윤리' 강의

나는 1997년에 마츠시타전기를 퇴직하고 객원교수 자격으로 산노대학 대학원에서 '기업윤리'를 강의했다. 당시 기업윤리를 가르치는 대학은 극소수에 지나지 않았다. 설령 강의가 개설됐다 하더라도 미국의 기업윤리를 가르치는 것이 고작이었다. 일본 기업과 미국 기업의 윤리 관리Ethics Management 시스템에는 큰 차이가 있었다. 매학기 학생들이 질문하는 내용은 똑같았다.

> 서양 사람들은 신을 믿기 때문에 윤리관을 자연스럽게 가질 수 있었던 게 아닐까요? 거기에 비해 일본인은 특정한 신이나 종교를 믿지 않으니까 철저한 윤리의식을 가지기 힘든 게 아닌가요?

그래서 나는 마츠시타 고노스케松下幸之助의 경영이념에 나오는 사회적 책임의식과 윤리관을 들어 설명했다. 그리고 마츠시타 경영철학의 원천을 더듬는 과정에서 이시다 바이간의 '석문심학세키몬신가쿠, 石門心學'을 만나게 되었다.

이시다 바이간을 깊이 알면 알수록 일본에 이렇게 걸출한 사상가가 있었나 하고 새삼 놀라게 된다. 그의 사상은 앞에서 말했듯이 '사람의 사람다운 길은 무엇인가'를 탐구하는 데서 출발한다. 이를 지금의 언어로 바꾸면 '자신의 인생관과 직업의 가치관을 일치시키려는 노력'이다. 그 사상의 토대는 자신에게 엄격한 윤리관과 사회적 책임을 부과하는 것이다. 그리고 그 끝에는 세계 인류의 평화와 행복이 놓여 있다. 그대로 CSR의 원형이라 할 수 있다.

이시다 바이간의 사유가 신선한 이유는 그의 철학이 책상 위의 연구에 더하여 상가商家에서 일했던 실천적 체험에서 비롯한 것이기 때문이다. 나아가 '석문심학'은 당시로서는 시대의 첨단을 달

렸던 상가 주인과 종업원들의 '세미나 형식'의 토론에서 나온 새로운 학문이었다. 요즘 말로 하면 벤처기업의 경영자와 사원의 토론 속에서 태어난 경영론이다.

이시다 바이간의 저서 『도비문답都鄙問答』은 그 집대성이다. 서양의 경제학자나 철학자가 시대의 첨단을 달리는 산업자본가나 상업자본가를 모아두고 세미나를 열어서 그 결과를 바탕으로 학설을 만들어냈다는 말은 아직 들어보지 못했다.

그리운 이시다 바이간

메이지유신明治維新을 거쳐 일본은 서양 근대국가와 어깨를 나란히 했다. 일본은 서양이 아닌 곳에서 근대국가 성립에 성공한 최초의 나라였다. 메이지유신 직전까지는 쇄국정책 때문에 외국과의 교류가 제한되었다. 도쿠가와 막번체제幕藩体制는 엄격한 신분제도를 유지함으로써 상인이나 농부는 무사부시. 武士가 될 수 없는 봉건주의 체제였다. 그래서 막번체제 아래의 에도시대를 암흑시대라고도 한다.

그런 일본이 어떻게 해서 다른 나라에 앞서 서양의 근대국가를 성공적으로 받아들일 수 있었을까. 그 열쇠가 에도시대에 있다는 설이 유력하다.

에도시대는 260년이란 오랜 기간 동안 정치가 안정되고 전쟁이 없는 평화를 구가했으며, 사회적으로나 문화적으로 근대국가를 이루기 쉬운 토양이 마련되어 있었다.

에도시대의 태평성대는 경제 발전, 즉 시장경제의 발전을 가져왔고 화폐자본을 길러 상업자본가를 일으켰다. 상업에 한정해서 말한다면 거래란 본디 일대일의 대등한 입장에서 행하는 것이며 고객은 일정한 구매력만 가지면 된다. 거기에 신분은 아무런 관련이 없다. 화폐에는 주인이 없다. 자본은 합리성을 추구하는 모든 행위의 산출물인 것이다.

따라서 상업의 세계에서는 경제적 원칙이 우선되고 합리주의가 관통한다. 임차관계, 소유관계가 개별적으로 명확하고 개인의 권리의식이 생기고 자연스럽게 독립의식이 발생한다.

학문이나 사상 면에서 볼 때 에도시대에는 중국에서 전래된 유학儒學.주자학을 사회 일반에 보급하고 신분제도를 적극적으로 받아들여 체계화했다. 그 유학이 가정이나 개인의 윤리관 형성에 토대가 되었다.

전국시대를 지나는 동안 지적 교양에서 소외되었던 일본인들은 유학을 통해 문자를 습득했으며, 중국에서 전해진 수준 높은 교양 문화와 유교 합리주의를 적극적으로 받아들였다. 동시에 그 사상을 일본식으로 해석하여 에도 특유의 문화를 만들었다. 중국 유학은 일본식으로 환골탈태하여 새로운 유학이 되었다.

그러한 문화의 성숙 과정에서 무사계급에는 '무사도武士道'가 상인계급에게는 '상도商道'가 형성된 것이다.

이시다 바이간은 열한 살 때 지금의 교토 남서부 가메오카 시에서 교토로 올라가 상가商家에서 일을 배운다. 열다섯에 고향으로 돌아갔다가 스물세 살에 다시 교토의 다른 상가에 들어간다. 바쁘게 일을 하면서 이시다 바이간은 독학으로 신도神道, 불교, 유교 사상을 공부했다. 서른다섯 살 때 오구리 료운小栗了雲이란 스승을 만나 학문 세계를 더욱 심화시켰다.

이시다 바이간은 열린 마음의 소유자였다. 자신이 배운 것을 한 사람에게라도 더 전하려 했다. 그는 마흔셋에 일을 그만두고 교토 구루마야의 자택에서 '청강 자유, 수업료 무료'란 간판을 내걸고 강의를 시작한다.

처음에는 강의를 들으러 오는 사람이 거의 없었으며 평가도 고만고만했다. 차츰 그의 사상은 상인과 근로자들에게 퍼져나갔다. 그들이 필요로 하는 실천적 철학을 담고 있었기 때문이다. 이윽고 교토의 유수의 상가 주인과 점장반토,番頭들이 그의 문하에 들어왔다. 바이간은 그들과 무릎을 맞대고 상인의 사회적 역할과 상업의 의의를 설했다.

바이간이 세상을 떠나자 그의 제자들이 새로이 활동을 펼쳤다. 가령 직계 제자인 오미야겐우에몬近江屋源右衛門 데지마 도안手島堵

庵, 그리고 그의 제자인 나카자와 도니中澤道二를 들 수 있다. 그들을 포함한 많은 문인門人들이 바이간의 사상을 전파하는 데 힘썼다. 심학강사心學講舍는 전국적으로 퍼져나가 전성기에는 전국에 34개 번藩 180군데에 이르렀다. 아마도 사립학교로서 일본 최대 규모였을 것이다.

나아가 무사계층에도 그의 '심학心學'이 침투하여 간세이개혁寬政改革을 주도한 마츠다이라 사다노부松平定信에게도 영향을 끼쳤다. 사다노부를 보필하는 개혁파 영주 열다섯 명 가운데 혼다 히고가미本多肥後守를 위시해 여럿이 그의 신봉자가 되었다.

'상도'의 재음미

2007년에 ISO가 CSR을 세계적으로 통용될 수 있도록 규격화하기로 결정함에 따라 CSR이 시대적 조류가 되었다. ISO는 지금까지의 상품 규격이나 환경 규격과 달리 제삼자 인증 형식을 취하지 않기로 했다. 과거에는 제삼자에 의한 심사 기관의 인증을 거쳐야 했다.

CSR은 각 기업이 자주적으로 기준을 정하고 사회에 공헌하는 과정을 가시적인 형태로 드러내는 것을 중시한다. 발상의 전환이 필요해지는 지점이다. 다시 말해 과거처럼 사회적 책임에 따른 기업활동을 코스트 부담으로 여겨 수동적으로 인식하는 대신 오히려 그것을 새로운 가치 창조의 계기로 삼는다는 발상이다.

1970년대 석유파동을 겪으면서 일본의 기업들이 체질을 바꾸었듯이 문제를 미래지향적으로 생각하는 것이다. 따라서 지금까지의 기업 비리 대책과 같은 수동적인 자세는 통용되지 않는다. 기업의 사회적 책임을 정면으로 받아들여 사회에서 신뢰받는 것 자체를 자부심으로 여길 일이다. 또한 그것을 기반으로 종업원에게는 일하는 보람을 주고 거래처와는 윈윈 게임을 하며 자연이나 사회와 공생하는 관계를 설정해야 한다. 거기에서 기업의 새로운 활력을 찾아내는 경영을 적극적으로 만들어가는 것이 필수 조건이다.

일본적 경영의 특징은 지시 명령으로 종업원을 움직이는 것이 아니라, 그 일이 어떤 의의를 가지며 그 가운데서 개인은 어떤 역할을 맡는가를 이해하게 하여 스스로 일하게 만드는 것이었다. 즉 종업원들에게 저마다 가치관을 계발하고 스스로 참여하고 기획하는 기회를 줌으로써 노동의욕을 드높였다.

이시다 바이간은 '사람의 사람다운 길'을 추구하는 삶을 살았다. 독학으로 신도, 불교, 유교를 배우고 탐구하다가 오구리 료운이라는 스승을 만나 깨달음을 얻어 비로소 '사람의 사람다운 길'을 찾았다. 그 본질은 '마음'의 문제이다. 인간이 태어나면서 본래 가지고 있는 '성性'으로 돌아가면 사회에서 통용되는 가치를 만들어낼 수 있고, 그것이 세상 모든 사람과 통하고 천지자연의 이치와 조화를 이룬다는 것을 알게 되었다. 바이간의 학문을 '심학心學'이라 하는 이유이기도 하다.

요즘 들어 '무사도'가 다시 주목받고 있다. 이를테면 할리우드의 영화 〈라스트 사무라이〉가 인기를 끌고 타이완의 리덩후이李登輝 전 총통이 니토베 이나조新渡戶稻造의 '무사도'를 풀이한 『무사도 해제武士道解題』를 출간한 것이 그 상징적인 일이다. 그런 외부의 자극을 받아 일본인들도 전통 속에 살아 숨 쉬는 정신을 재해석하는 움직임을 보이고 있다.

전후 반세기 동안 일본인은 저도 모르는 사이에 마음의 소중함을 잊고 물질만능주의의 가치관으로 살아왔다. 그런 사회적 흐름이 기업 비리라는 부작용으로 나타난 것이다. 그것은 비단 일본만의 문제가 아니라 세계의 문제이기도 하다.

이시다 바이간은 '무사도'에 필적하는 '상도' 사상을 확립했다. 그는 일관되게 "상인이란 스스로 천지자연의 흐름에 맞는 '마음의 잣대'를 가지고 거기에 따라 행동해야 한다. 그럴 때 상인의 마음이 천하 만민의 마음으로 이어지고 태평천하를 이룰 수 있다."고 주장했다. 그것은 바깥에서 강제적으로 주어지는 수동형이어서는 안 된다. 그런 만큼 '마음의 잣대'는 일방적인 설교로 만들어지는 것이 아니라 토론을 통한 문답과 사색, 깨달음의 과정을 거쳐 혼과 혼이 만나는 데서 형성되는 것이다.

CSR이나 코퍼레이트 거버넌스는 외래어이다. 바깥에서 새로운 경영 방법이 들어오면 보통 일본인은 자신의 몸을 억지로 거기에 끼어맞추는 습성이 있다. 그러나 낯선 것을 자신의 몸에 맞추어 고칠 때 자신의 경영철학을 잊지 않는 중심 잡힌 자세가 필요하다. 글로벌 규격화가 시작되고 있다. 버스를 놓칠 수는 없다. 그러나 거기에 너무 집착해서도 안 된다. 오랜 세월 형성된 그 기업의 경영적 특성을 잃어버릴지도 모르기 때문이다.

급할수록 돌아가라는 말이 있다. '무사도'의 가치를 다시 음미하는 이 시대의 기운을 타고 에도시대江戸時代, 메이지시대明治時代, 다이쇼시대大正時代, 쇼와시대昭和時代로 이어지는 일본적 경영의 원점인 '상도'를 재음미해보는 것은 커다란 의미가 있을 것이다.

이 시 다   바 이 간 에 게   배 운 다

상도 1

한 푼 이 라 도 아 끼 는 정 신

어느 상인商人이 물었다. "상인은 자신의 일을 분명하게 잘 처리하고 있습니다. 그런데 상인에 걸맞는 도道가 있다니 도대체 그건 무슨 뜻인지요. 물건을 사고파는 과정에서 대체 어떤 마음의 자세가 필요하다는 것인지요."

답. 상인이란 원래 한쪽에서 남는 것을 모아서 모자라는 다른 쪽에 가져다주어 서로를 보완할 수 있게 하는 역할에서 시작되었다. 그리고 사람들은 상인이 계산에 밝다는 말을 하는데, 당연히 상인이라면 한 푼이라도 아껴야 할 것이다. 그 한 푼 한 푼을 모아 부富를 이루는 것이 바로 상인의 길이 아니겠는가.

'상인'이란 무엇인가

::

　이시다 바이간의 주저인 『도비문답 都鄙問答』은 그가 교토에서 강좌를 연 지 십 년째인 1738년에 기노사키에서 문인들과 합숙하며 자신의 사상을 체계화하고 정리한 것이다.

　『도비문답』이라는 제목은 그 첫 장이 시골(鄙)에서 올라온 나그네와 교토(都)에 사는 바이간의 대화 형식을 취한 데서 딴 것이다. 전편이 문답 형식으로 되어 있는데, 날카로운 질문에 대해 바이간이 대답하는 형식이다.

　『도비문답』의 제4단(段)에서 '상도'를 다룬다. 이 단은 "어느 상인이 물었다."로 시작된다. 이에 대한 대답이 상도의 내용이다. 여기에서 이시다 바이간이 주장하는 상도의 핵심이 드러나는데, 그것을 이 책의 1장에서 4장에 걸쳐 설명하려 한다.

이시다 바이간의 상도에 대해 고찰하려면 당시의 상인이란 직업의 경제적 사회적 위치에 대한 이해가 필요하다. 상인이 지역을 넘어서 전국적인 유통에 뛰어들기 시작한 것은 오다 노부나가織田信長, 도요토미 히데요시豊臣秀吉 시대부터이다. 노부나가와 히데요시가 전국을 통일한 배경에는 무기, 농산물, 그 밖의 상품을 전국적인 규모로 움직이는 상인들의 활약이 있었다. 이들 정치 권력자는 상인들을 소중히 여겼다. 심지어 상업을 중심으로 하는 사카이 같은 자치도시가 생길 정도였다. 위정자와 상인은 서로 뗄 수 없는 관계였다.

그러나 정치 권력자에게 봉건적 질서유지는 중요한 문제였다. 그렇기 때문에 봉건 질서의 유지에 도전 신호가 오면 거상巨商들의 가계를 단절시키고 상업도시의 자치권도 박탈했다. 대표적인 예가 1591년 히데요시가 발령한 '신분고정제身分固定制'이다. 이 포고령 이후로 무가武家의 신하들이 농부나 상인이 되거나 농부가 상인이 되는 것 자체가 불가능하게 되었다. 이로써 사농공상士農工商의 신분제도가 고착되었다.

바이간이 『도비문답』을 저술한 시기는 에도 막부가 열린 지 130년이 지난 때였다. 전화戰禍가 멈추고 정국이 안정되면서 에도시대의 상업사회가 거의 완성되었다. 경작지가 넓어지고 벼농사를 중심으로 한 농산물 생산이 급증했다. 도로와 항만의 정비도 어느 정도 갖춰져 상품 시장이 전국적인 규모로 확대되었으며, 화폐 단위의 통일과 함께 상인의 손길이 전국 방방곡곡에 미쳤다.

무사계급은 영주가 기거하는 성 주변의 집단 거주지에 모여 살았는데, 이들이 주요 소비계층으로 부상하면서 상업 발달에 큰 역할을 했다.

무사는 농민에게서 공조미公租米를 징수해 생활의 기반을 마련하고 일부를 화폐로 바꾸어 생활비로 충당했다. 당시의 상업이 공조미를 화폐로 바꿀 수 있는 시스템 때문에 발달할 수 있었음은 잘 알려진 사실이다. 쌀을 중심으로 한 전국의 주요 농산물은 일단 오사카에 모였다가 그곳의 도매상을 통해 화폐로 바뀌었다. 오사카에서 유통되는 농수산물과 화폐의 양은 급속도로 증가했다. 당시의 권력 중심이었던 무사계급은 경제적으로 보면 생산층이 아니라 순수한 소비층이었다. 그들의 소비를 좌우하는 화폐는 상인을 매개로 해 유통되었다. 바로 이것이 에도시대 막번체제가 끌어안은 심각한 문제였다.

상업이 발달하자 자연스럽게 시장가격 체계가 확립되었다. 이러한 사회에서는 시장가치에 따른 교환이라는 행위를 통해 사람과 사람이 연결된다. 그 시장가격 체계 속에서 사람들은 일대일의 대

등한 관계를 형성하였고 자연스럽게 경제적 합리주의에 따라 행
동했다. 산업자본은 아직 일어나지 않았지만 서구의 시민계급에
가까운 계층이 생겨나기 시작한 것이다.

겉으로 보면 막번체제는 무사를 중심으로 한 봉건주의 일색이
었다. 그러나 그런 가운데서 상업이 발달하자 오늘날의 사고방식
과 비슷한 평등주의, 개인주의, 시장주의, 고객만족에 대한 의식
등이 싹트기 시작했다. 즉 국가체제의 기반이 되는 봉건적 사고와
상업의 발달에서 비롯한 평등의식이나 합리주의가 서로 충돌할
가능성이 내재하는 사회였다. 상인들은 사농공상의 엄연한 신분
제도를 유지하려 하는 막번체제와 자신들의 생활양식과의 상극
적인 상황 속에서 고뇌했다. 그들은 필연적으로 새로운 규범과 가
치관을 찾을 수밖에 없었다.

상인 멸시 풍조
::

이시다 바이간의 석문심학石門心學이 급속히 퍼져나간 데에는
이러한 경제 사회적 변화가 배경에 자리 잡고 있었다. 상인계급은
상거래라는 경제 사회 속에서는 일정한 역할을 하고 있었지만 일
반 사회에서는 여전히 사농공상士農工商의 끝자락에 놓여 멸시받

고 정당한 평가를 받지 못했다. 이 장을 시작하는 인용문에서 볼 수 있는 어느 상인의 물음은 그런 불안과 불만이 배경에 있었기에 나올 수 있었다.

다음 문장은 당시 학자들이 가지고 있었던 상인에 대한 시각을 잘 보여주는 예이다.

> 오로지 이익만을 추구하고 의리라는 게 없다. 자신의 이익만을 추구하는 데 정신이 없다. — 야마가 소코山鹿素行

> 상거래는 머리를 써서 이익을 얻는 것을 말한다. 그들은 아무런 힘도 들이지 않고 하루에 몇 갑절의 이익을 얻는다. 가장 천박한 짓이다. — 다자이 슌다이太宰春台

당시에는 이처럼 상인에 대한 편견을 가진 사람이 많았다. 이러한 세평에 대해 생각 있는 상인들은 자신들의 사회적 존재가치에 대해 누군가가 대변해주기를 바랐다.

> 상인에 걸맞은 도가 있다니, 도대체 그건 무슨 뜻인지요.

이것은 상인의 절실한 마음에서 나온 질문이었다. 이에 바이간은 상인의 원점으로 거슬러 올라가 논의를 시작한다. 상인이 세상에 의미 있는 존재라면 그것을 어디서 찾아야 할 것인가. 상인이 존재하지 않았던 원시시대로 거슬러 올라가서 생각해보는 것도 좋은 방법이 될 수 있을 것이다.

원시시대에 사람들은 자신에게 필요한 것을 스스로 마련하는 자급자족의 생활을 했다. 생활의 범위는 아주 한정되어 있었다. 그러다 자기 지역에 없는 물자가 공급되면서 서로의 생활 범위가 넓어졌다. 그것을 매개한 사람이 상인이었다. 상인은 평소에 손에 넣을 수 없는 물건을 공급함으로써 사람들을 기쁘게 했다. 거기서 상인의 사회적 존재가치가 생겨났다. 이것이 바로 상인의 원점이다. 그러므로 정체성에 대해 회의가 들 때는 원점으로 돌아가서 생각하라고 바이간은 말한다.

나아가 상인은 계산에 밝아야 한다고 말한다. 상인은 장사를 생업으로 삼아 세상을 살아가고 있는 만큼 한 푼의 돈도 가벼이 여겨서는 안 된다는 것이다. 그는 한 푼 한 푼을 소중히 여기며 부를 축적하는 것이 상인의 길이라고 규정한다.

이 같은 말은 상인을 멸시하는 풍조가 만연하던 사회에서 아주 대담한 발언이었다. 왜냐하면 당시에는 돈에 집착하는 것 자체가 멸시의 대상이었기 때문이다. 그런 사회에서 돈을 모으는 것이 상인의 길이라고 한 것이다. 자칫 돈에 집착하는 비열한 수전노로 비난받을 수도 있다. 그것을 당당하게 '상도'라고 단정적으로 주장하는 내용을 저술의 처음에 두었다. 바이간이 얼마나 자신의 사상에 대해 자신감을 가지고 있었는가를 말해준다.

코스트 의식은 노동의 기본
::

'상인의 길商道'에 대한 답은 여기에 머물지 않는다. 이 책의 제4장까지가 상도에 대한 논의에 할애되어 있으므로 전체를 통독해야 할 일이지만, 우선 "한 푼이라도 가벼이 여겨서는 안 된다."에서 시작해보기로 하겠다.

상인은 물건이 남아도는 곳에서 그것을 모아 부족한 곳으로 옮기는 행위를 통해 부를 생산해야 한다. 그 과정에서 수요 공급의 변동이 생기고 시장가격의 변동이 따른다. 그러므로 상인에게는 한 푼 한 푼에도 신경을 곤두세우는 성의와 노력이 필요하다. 한 푼일지라도 가벼이 여기지 않는 엄격한 금전 감각이 있어야 한다. 그것이 상인의 노동을 지탱해주고 상품으로 집약되어 결과적으로 번영을 가져다준다. 이시다 바이간의 말에는 이런 뜻이 함축되어 있다.

바이간의 이러한 표현을 전근대적이라고 폄하하는 사람도 있을 것이다. 그러나 그것은 착각이다. 오늘날 제조업에서 코스트 절감에 성공한 기업의 현장을 방문해보면 코스트의 기본 척도가 한 푼보다 훨씬 더 낮은 단위라는 사실에 놀라게 된다.

코스트 절감은 기업 경영에서 가장 중요한 과제이다. 코스트 절감에 성공한 기업은 종업원 한 사람 한 사람이 코스트 의식을 철저하게 가지고 있다. 그런 의식 한가운데에는 한 푼이라도 가벼이 여기지 않는 상도의 전통이 놓여 있다.

도요타자동차의 합리화는 세계적으로 유명하다. 쓸데없는 코스트나 과정을 제거하는 도요타의 기업문화를 '마른 수건도 다시 짠다'라는 말로 표현하기도 한다.

그 도요타의 창업주인 도요타 키이치로豊田喜一郎는 이런 말을 했다.

보잘것없는 핀 하나라도 국가 전체로 이어진다. 각자의 업무에서 군살이 있어서는 안 된다.

바이간의 '한 푼이라도 가벼이 여기지 않는 정신'은 오늘날 우량 기업 가운데 그대로 살아 있다.

이시다 바이간에게 배운다 ❀ ❀ ❀ ◇◇◇◇◇◇◇◇◇◇

고객만족 2

부의 주인은 세상 모든 사람이다

부富의 주인은 천하 만민이다. 주인의 마음은 우리 상인과 같아서 한 푼이라도 돈을 내는 것을 아깝게 생각하는 것이 당연하다. 그 마음을 가늠하여 파는 상품이나 서비스에 정성을 담고 자칫 실수로라도 상대의 마음을 상하지 않게 하면서 물건을 팔아야 한다. 그러면 물건을 사는 고객도 처음에는 돈이 아깝다고 생각하겠지만 그 상품의 장점을 알고나면 아깝다는 생각을 하지 않게 된다. 아니, 거기서 그치지 않고 반드시 사고 싶다는 생각을 하게 될 것이다.

그리고 검약하는 마음을 가지고 지금까지 1을 사용했던 경비를 0.7로 줄이고, 1의 이익을 0.9로 줄이도록 노력해야 한다. 이것이 상인의 마음가짐이다.

자신을 길러주는 고객을 함부로 여기지 않고 진실한 마음으로 대하면 열에 여덟은 흡족해 할 것이다. 고객의 마음을 만족시키려는 자세로 열심히 장사를 하면 아무런 어려움도 없을 것이다.

애덤 스미스보다 37년 앞선 '국부론'

::

위의 인용문은 제1장에 이어 '상도'에 관한 내용이다. 나는 "부의 주인은 천하 만민"이라는 말을 처음 보았을 때 몹시 놀랐다. 이것이 막번체제 아래에서 살던 사람의 입에서 나온 말이라니, 눈이 휘둥그레지지 않을 수 없었다.

부의 주인이라면 '부유층'이나 '자산가'를 생각하게 마련이다. 거기서 떠오르는 사람은 오로지 영주領主이거나 부유한 상인 정도다. 그런데 바이간은 부의 주인이 천하 만민이라고 말한다. 세상의 모든 사람이라니……. 그것은 대중이며 서민의 이미지에 가깝다. 그 당시 사람이라면 그 누구도 생각하지 못했을 이런 혁명적인 발상이 어떻게 바이간의 머리에 깃들게 되었을까. 아마도 어릴 적부터 상가에서 일하면서 얻은 체험이 있었기에 가능했을 것이다.

상인에게 돈을 벌 수 있게 해주는 사람은 다름 아닌 고객이다. 고객을 기쁘게 할 때 비로소 돈이 들어온다. 그것이 부의 근본이다. 돈만을 부라고 생각하기 쉽다. 그러나 그 돈을 지불하는 사람은 고객이다. 그러므로 부의 주인은 고객이다. 영주도 아니고 부유한 상인도 아니며 어디까지나 상품을 사는 고객인 것이다.

애덤 스미스는 '인간의 노동'을 국부의 원천이라고 말했다. 부의 증감은 근면한지 게으른지에 따라 결정된다. 그러나 사람들이 아무리 근면하다 해도 진실한 가치와 효과를 가진 것, 즉 '진정한 부'를 다루는 것이 아니라면 부는 늘어나지 않는다. 애덤 스미스는 그것을 『국부론』 제2편 제3장에서 자세히 논하고 있다.

다음과 같은 문장으로 시작된다.

그것으로써 소재에 가치를 부가하는 종류의 노동이 있다. 그런 결과를 만들지 못하는 다른 종류의 노동도 있다. 전자를 생산적 노동이라고 한다면 후자는 비생산적인 노동이다. 이를테면 제조공의 노동을 평가할 때는 그가 가공하는 소재의 가치에 그 자신의 생활을 유지하는 가치와 그 일에서 비롯하는 이익을 합한다.

거기에 반해 가사노동은 소재에 아무런 가치도 덧붙이지 않는다. 인간은 수많은 제조공을 부림으로써 부를 증가시킨다.

애덤 스미스는 '인간의 노동'에서 부가 생겨나는 과정을 이러한 형식으로 생각하고 이를 이론적으로 증명해 자본주의 경제학의 토대를 만들었다. 생산적인 노동과 비생산적인 노동을 구분을 한 것은 탁월한 발상이다. 그러나 부가 '고객'과의 관계에서 어떤 과정을 거쳐 생산되는지까지는 밝히지 못했다.

스미스는 '부의 원천은 노동'이라는 위대한 발견을 했지만 그 노동의 부가가치가 생겨나는 과정을 분석하지 않았다. 거기에 비해 이시다 바이간은 고객의 만족 정도를 상품의 품질, 성능, 서비스, 코스트의 항목으로 구분해 노동의 종류에 따라 부가 생산되는 과정을 논했다. 이것은 바이간의 사상이 스미스와 달리 부가 생성되는 과정에 몸으로 참여했던 상가 체험이 있었기에 가능한 실천이론인 까닭이다. 게다가 이시다 바이간은 애덤 스미스보다 38년 먼저 태어났고 『도비문답』은 『국부론』보다 37년 앞서 출간됐다.

마츠시타 고노스케가 물려받은 것
::

　마츠시타 고노스케는 1918년에 마츠시타전기를 설립했다. 처음에는 매상고를 올려 이익을 내는 데 급급했다. 그러나 시간이 흐름에 따라 그것으로는 만족할 수 없었다. 마침내 그는 십 년 뒤 다음과 같은 회사강령을 발표한다.

　　영리와 사회정의의 조화를 지향하고, 국가 산업 발전을 도모하며 사회생활의 향상을 꾀한다.

　그는 기업의 목적을 명확히 밝혔다. 그러나 영리와 사회정의를 어떻게 결합하고 조화롭게 할 것인지에 대한 명확한 논리를 세우지는 못했다. 그렇게 시간이 흘렀다. 그러다가 마침내 도달한 기업 철학은 다음과 같은 것이었다.

　　이익은 기업이 세상에 공헌한 데 대한 보수이다.

　이것을 구체적으로 표현하면 이렇게 된다.

- 상품의 질과 성능에서 누구보다 뛰어난 상품을 만든다.
- 고객에게 최상의 서비스를 제공한다.
- 최대의 코스트 절감을 통해 고객이 기뻐할 만한 가격으로 상품을 제공한다.

이러한 상품력, 서비스력, 코스트력에서 어디에도 지지 않는 상품을 제공할 때 고객은 반드시 고마움을 느끼고 그 상품을 좋게 평가할 것이다. 그 평가가 고객이 주는 보수이다. 그때 다른 기업보다 나은 부분만이 그 기업의 이익이 되는 것이다. 그것이 바로 부가가치이며 국부의 원천이다. 그 공헌도가 고객의 만족도에 따라 결정된다는 것이다.

나는 1954년 마츠시타전기에 입사한 이래 이 같은 이야기를 얼마나 많이 들었는지 모른다. 그 사상을 우리에게 설파한 사람은 마츠시타전기의 다카하시 코다로高橋太郎 전무였다. 다카하시 전무는 마츠시타 경영이념의 전도사였다.

처음 그 이야기를 들었을 때는 회사가 이익을 내기 위해서 감언이설을 하는 것이라고 의심했다. 세월이 지남에 따라 '나는 무슨 목적으로 일을 하는가?' 라는 고민을 하게 되었다. 그런 과정에서 마츠시타의 이익 철학이 대단한 사상이라는 것을 깨달았다. 자본주의 체제하에서 기업과 사회를 연결하는 획기적인 발상이라는 것을 알았다. 그런 사고방식은 그 후 해외에서 사업을 전개할 때도 일관되게 적용되었으며, 지금껏 국내외를 막론하고 마츠시타 전기의 기본 이념으로 널리 알려져 있다.

바이간의 상도는 바로 이와 같은 사상을 주장하고 있다. 나는 마츠시타와 바이간의 동질성을 발견하고 바이간의 선구적인 사고에 경탄하지 않을 수 없었다. 마츠시타전기의 경영이념과 바이간의 『도비문답』 원문을 비교해보자.

- 바이간이 말하는 "마음을 담아 물건을 판다"를 마츠시타의 이념으로 바꾼다면 "상품의 질, 성능에서 다른 기업보다 뛰어난 상품을 만든다"가 될 것이다.
- 바이간이 말하는 "정중한 자세로 물건을 건네준다"라는 것은 "고객에게 최상의 서비스를 제공한다"와 똑같다.
- 바이간이 말하는 "지금까지 1을 사용했던 경비를 0.7로 줄이고, 1의 이익을 0.9로 줄이도록 노력해야 한다."는 "코스트 절감을 통해 고객이 기뻐할 수 있는 가격으로 상품을 제공한다"와 정확하게 일치한다.

더욱이 바이간은 "부의 주인은 천하 만민"이라고 선언하고 무사 계층이나 일부 부유층이 아니라 세상의 모든 사람이야말로 부의 주인이라고 했다. '고객만족'의 이념을 이보다 더 정확히 표현할 수는 없을 것이다.

일본에서 배운 '말콤 볼드리지 품질대상'
::

1980년대 후반, 레이건 대통령은 미국 기업의 경쟁력을 높이기 위해 경쟁력위원회를 설치했다. 그때 그들의 가장 큰 관심은 일본 상품의 국제 경쟁력이었다. 위원회 멤버는 일본의 공장을 돌아보면서 열심히 일본 기업을 연구했다. 그들이 특히 주목한 곳은 상품관리 분야였다. 그리고 일본의 뛰어난 품질관리의 원점에는 '고객만족'이라는 중심축이 있고 모든 것이 거기에서 비롯된다는 것을 발견해냈다. 설령 품질의 관리 방법을 배운다 해도 고객만족을 전제로 하지 않으면 일본 제품과 경쟁할 수 없다는 사실을 깨달은 것이다. 일본에서는 당연한 일이었지만 미국인으로서 커다란 발견이었다.

미국 정부는 일본의 '품질관리 데밍 상Deming prize'을 본떠 당시의 재무장관 이름을 따서 '말콤 볼드리지 품질대상Malcolm Baldridge National Quality Award'을 제정해 고객만족을 중심에 두고 품질관리 강화에 나섰다. 말콤 볼드리지 상의 평가 기준은 다민족 국가인 미국에 어울리게 나라를 넘어서 누구라도 이해할 수 있게끔 합리적이며 이해하기 쉽게 설정되었다. 그리고 당시 경쟁력 강화에 열정을 쏟고 있던 미국 정부는 민관이 하나가 된 추진 모체를 만들어 기업 개선에 나섰다.

그 결과 미국 기업의 고객만족에 대한 의식은 놀라울 정도로 높아졌다. 이에 따라 상품력도 급속히 높아졌다. 최근에는 말콤 볼드리지 상의 대상을 기업만이 아니라 학교와 병원으로까지 확대했다. 자연히 학교와 병원도 고객만족 의식이 높아져 사회의 구조를 개혁하는 데도 보탬이 되었다.

당연히 미국 기업의 상품력 증강은 다른 나라들에도 강렬한 자극을 주어 오늘날 말콤 볼드리지 상의 평가 기준과 시스템을 배우려는 나라가 많아졌다. 부메랑 현상이라고까지는 할 수 없겠지만 일본 기업 가운데서도 그 모델을 배우려는 움직임이 활발하다.

배워야 할 게 있으면 반드시 배워야 한다. 그러나 말콤 볼드리지 상의 고객만족 정신의 원천이 에도시대의 이시다 바이간이라는 사실을 알아야 한다. 그 고객만족 정신을 일본의 기업가들은 1980년대까지 이어받았다. 이런 사실은 앞으로 서구식 경영 기법을 배우려는 젊은 세대들이 결코 잊어서는 안 될 일이다.

상품에 마음을 담는 정신
::

바이간을 이해하는 데 필요한 보충 설명을 해두어야겠다. 다음은 위 인용문 후반부의 두 문장이다.

그리고 검약하는 마음을 가지고 지금까지 1을 사용했던 경비를 0.7로 줄이고, 1의 이익을 0.9로 줄이도록 노력해야 한다.

자신을 길러주는 고객을 함부로 여기지 않고 진실한 마음으로 대하면 열에 여덟은 흡족해 할 것이다. 고객의 마음을 만족시키려는 자세로 열심히 장사를 하면 아무런 어려움이 없을 것이다.

파는 물건에 마음을 담아 고객을 조금이라도 가벼이 여기지 말고 검약의 미덕을 가지라는 말을 통해 고객만족의 정신을 주장하고 있다. 『이시다 선생 어록石田先生語錄』 권12에서도 이런 내용이 나온다. 이 부분은 바이간이 『도비문답』을 통해 자신의 '상도'에 관한 사상을 널리 알린 이후에 다시 고치고 정리한 것으로 보인다. 따라서 바이간의 사상이 잘 드러나 있다. 이 책의 권12, 226항의 '제題' 부분에 "무사와 의사와 상인은 무엇을 중심으로 살아야 하는가?"라는 질문에 대한 바이간의 대답이 나온다.

상거래에 대해서는 내가 직접 경험한 일이므로 내가 아는 대로 대답하기로 하겠다. 상거래는 한 푼을 아끼면서 천하의 고객님들의 마음을 아는 것이 중요하다. 왜냐하면 상거래에서는 자신의 분수를 알고 사치를 멀리하며 검약을 지키는 것이 소중하기 때문이다.

한 푼은 그 자체로는 보잘것없지만 그것을 모으면 부를 이룰 수 있다. 농민에게 전답에 해당하는 것이 상인에게는 천하의 고객이다. 천하의 고객은 상인인 우리에게 보수를 주는 주인이다. 무사는 봉록을 받기 위해서 주군의 명령에 따른다. 천하 고객님들의 마음은 하나다. 내가 한 푼을 아끼는 마음으로 우리에게 보수를 주는 주인이신 고객님의 마음을 알고 그 고객님의 돈을 받는 대신에 가치 있는 상품을 제공하고 성심을 다해 조금이라도 소홀히 하지 않는 마음으로 물건을 제공하면 사는 사람들도 처음에는 돈을 아깝게 생각하겠지만 결국에는 그 상품의 가치를 인정하고 아깝다는 생각을 버리고 크게 만족하는 것이다.

이것이 나와 상대의 마음이 통하여 서로 만족하는 상거래의 본질이 아니겠는가. 이때 천하의 파는 사람과 사는 사람은 서로 마음이 통해야 한다. 그렇게 되어야만 천지자연의 이치에 맞게 흘러갈 수 있다. 이렇게 하여 얻은 부라면 그것이 산처럼 쌓였다 해도 탐욕이라 할 수 없다. 10전을 찾기 위해서 50전을 사용한 아오도사에몬靑戶左衛門의 일화도 있지 않은가. 다시 말해 천하를 위한 마음으로 천하의 마음에 동화하여 재물을 소중히 여기지 않으면 안 된다.

이렇게 하면 천하를 위한 검약을 실천하면서 상인으로서도 도리에 맞는 부를 누릴 수 있을 것이다. 스스로는 복을 얻고 천하만민에게 큰 만족을 준다면 그것을 어찌 천하의 보물이라 하지 않을 수 있겠는가.

이 시 다 바 이 간 에 게 배 운 다

천지자연의 이치 3

생 성 발 전 의 법 칙 에 따 르 라

고객이 상품의 질과 소홀함이 없는 서비스에 흡족해 하면서 기분 좋게 돈을 지불하는 상거래를 할 수 있고, 거기에 세상에서 필요한 물자를 전국 방방곡곡까지 퍼지게 하여 사람들의 마음에 즐거움과 평안을 줄 수 있다면, 그것은 자연의 변화나 만물의 생육을 주재하는 천지자연의 이치에 맞는 일이니 축복할 만하다 하겠다. 그러므로 이러한 행위를 거쳐 부가 산처럼 쌓인다 해도 그것을 탐욕이라고 할 수는 없다.

옛날 어떤 사람이 강물에 10전을 빠뜨리고 50전을 들여서 그것을 찾았다는 이야기가 있는데, 이것은 공적인 돈을 소중히 여기고 사심을 누른 하나의 좋은 예이니 그 깊은 뜻을 잘 새겨야 할 것이다.

이러한 마음가짐이라면 지금 정부가 포고한 검약령과도 잘 어울리고 천지자연의 이치나 사람의 길에도 합당하므로 반드시 행복을 얻을 수 있다. 그렇게 하여 스스로도 행복하고 사람들의 마음에 흡족함을 주는 역할을 다할 수 있다면, 그것은 만민의 진정한 보물이며 나라의 보물이라고 할 수 있으니 태평천하를 기원하는 마음과 통한다.

천지자연의 이치와 오상오륜의 길

::

  앞 장에 이어 상인의 역할을 설하는 이 문장에는 바이간의 인생관이 그대로 녹아 있다. 바이간의 사상은 나중에 '심학'으로 불리게 되는데, 이러한 바이간의 '마음'을 표현하는 말 가운데 '성性'이 있다. 『도비문답』의 첫머리에서는 '성'을 다음과 같이 설명한다.

  그 성이란 것은 사람을 비롯하여 짐승이나 초목에 이르기까지 세상의 모든 생명체가 가지고 있다. 소나무는 푸르고, 벚나무는 꽃을 피우고, 날개 달린 새는 하늘을 날고, 비늘 있는 생물은 물속에서 헤엄치고, 해와 달이 하늘에 걸려 있는 것도 다 하나의 이치이다. 지난해의 사계절을 보고 올해의 계절 변화를 알며 어제를 보고 오늘을 안다. 이른바 지난 것을 보고 천하의 성을 안다는 말이다. 성을 알면, 오상오륜五常五倫의 길이 바로 거기에 있다는 것도 알 수 있다.

여기서 말하는 '성'이란 인간만이 아니라 동물이나 식물에 이르기까지 하늘 아래 모든 것 속에 내재한 천지자연의 이치다. 그 이치에 따르면 만물은 자연과 조화를 이루며 활기차게 살아갈 수 있다. 또한 그 천지자연의 이치를 체득하면 오상오륜五常五倫의 길이 거기에 갖추어져 있음도 알 수 있다는 것이다.

오상오륜의 길이란 유학에 나오는 말로, 오상五常은 '인의예지신仁義禮智信'을 말하고, 오륜五倫은 '부자유친父子有親, 군신유의君臣有義, 부부유별夫婦有別, 장유유서長幼有序, 붕우유신朋友有信'을 말한다.

인간은 자기중심적인 사고에 빠져 이기적으로 살아가기 쉬운 존재다. 그래서 자신을 둘러싼 여러 사람을 배려하는 태도를 가지게 하는 윤리가 필요하다. 그 윤리가 바로 오상오륜이며, 그것은 무사뿐만 아니라 일반 백성이 지켜야 할 에도시대의 기본적인 규범이었다. 니토베 이나조新渡戸稲造의 '무사도武士道' 또한 오상오륜을 기본으로 한 것이다.

여기서 중요한 것은 "만일 천지자연의 이치를 체득한다면 오상 오륜의 길이 바로 거기에 있음을 알게 된다."는 말이다. 다시 말해 천지자연의 이치와 인륜의 길은 따로 떼어놓고 생각할 수 없는 일 이라는 것이다. 그러므로 그 천지자연의 이치에 따라 부를 축적 하는 한 그것을 탐욕이라 할 수 없다.

바이간에서 마츠시타 고노스케,
이나모리 카즈오로 이어지는 사상
::

마츠시타전기의 창업자인 마츠시타 고노스케 또한 이러한 천 지자연의 이치를 강조했다. 내가 직접 들어서 아는 사실이다. 다 음 문장은 고노스케의 말이다.

경영자는 그 스스로 인생관, 사회관, 세계관을 평소에 갈고 닦아 야 한다. 나아가 올바른 인생관, 사회관, 세계관은 보편적인 진리나 사회의 규범, 자연의 섭리와 조화로워야 한다. 만일 거기에 반하는 것이라면 그것을 올바른 인생관, 사회관, 세계관이라 할 수 없으며 거기에서 나오는 경영이념도 적절하지 못하다고 할 것이다.

결국 진정한 경영이념의 출발점은 그러한 사회적 이치, 자연의 섭리에 있다. 거기에서 싹을 틔운 경영이념은 그 활용 방법이 시대에 따라 조금씩 차이가 있겠지만 그 기본은 영원불변이다. 다시말해 인간의 본질이나 자연의 섭리에 비추어 무엇이 옳은가에 입각한 경영이념은 옛날이나 지금이나 또 미래에 있어서나 일본이나 외국이나 마찬가지다. 나는 체험에서 이러한 생각을 가지게 되었다. ―『실천경영철학實踐經營哲學』

우주 만물은 늘 변화하고 흘러갑니다. 그리고 그것은 단순한 변화가 아니며 쇠퇴하거나 사멸하는 것도 아닙니다. 늘 살아 있으면서 생성되는 것입니다. 무릇 생명을 가진 것은 모두 죽음을 맞이하고 그 형태가 사라집니다. 그러나 그냥 사라지는 것이 아니라 새로운 것을 낳습니다. 그러므로 옛것이 사라지고 새로운 것이 태어나서 자라는 진보가 계속되는 것입니다.

형태를 가진 현상에서는 변화이면서 쇠퇴라 하더라도 긴 관점에서 그 본질을 보면 변화하고 쇠퇴하는 그 자체도 생성 발전의 한 과정이라 할 것입니다.

그리고 처음에 말했듯이 그러한 만물의 생성 발전이야말로 이 우주의 법칙이며 자연의 섭리입니다. 다시 말해 끊임없이 생성하고 늘 발전하는 데에 우주의 본질이 있는 것입니다.

- 『인간을 생각한다』

　자연의 섭리, 사회의 이치, 우주의 법칙, 자연의 이치 등으로 표현을 바꾸고는 있지만 요컨대 인간의 힘으로 완전히 이해할 수 없는 자연의 법칙이 존재한다는 말이다. 고노스케는 여기서 말하듯이 이 세상의 모든 것은 끊임없이 생성 발전한다는 사상을 가지고 있다. 그러므로 기업은 오랜 누습을 깨뜨리고 새로운 것에 도전해야 한다. 그러나 자연의 이치, 우주의 법칙에 거슬러서는 안 된다는 신념에는 변함이 없다.

　그는 반성하는 인간이었다. 그 반성의 잣대는 늘 '자연의 섭리에 순응하는 것'이 기본이었다. 다른 측면에서 보자면 천지자연의 이치에 맞는 기업은 사회에 기쁨을 주고 사회적 책임을 다한다.

　이러한 천지자연의 이치를 소중히 여기는 경영자의 한 사람으로 교세라京セラ株式會社의 이나모리 카즈오稲盛和夫 명예회장을 들 수 있겠다. 다음은 그의 저서에서 인용한 내용이다.

　우주물리학에서는 빅뱅이론으로 우주의 생성을 설명한다. 약 150억 년 전에 한줌의 소립자가 대폭발을 일으킨 것이 우주의 시작이며, 지금도 우주는 그 폭발의 여파로 팽창을 계속하고 있다는

이론이다.

이 이론에 따르면 대폭발과 함께 기본 소립자가 결합하여 양자, 중성자, 중간자가 생겨나고 원자핵이 형성되었다. 그리고 전자가 원자핵의 주위에 사로잡혀 원자가 생겼다. 그 원자들이 결합하여 분자가 되고 분자가 결합하여 고분자를 이루었으며 결국 생명체가 탄생하기에 이르렀다. 그 생명체가 진화를 거듭하여 이렇게 멋진 우주가 형성되었다고 한다.

이처럼 우주는 한 순간이라도 머무는 법이 없다. 산천초목 모두가 생성 발전을 계속하고 있다. 소립자는 소립자 그대로 존재해도 된다. 그러나 소립자는 원자로, 원자는 분자로, 분자는 고분자로, 고분자는 생명체로 바뀌었다. 그리고 생명체는 지금도 진화를 계속하고 있다.

이렇게 생성 발전하며 끊임없이 흐르는 것이 우주다. 그것을 '우주의 의지' 또는 '우주의 섭리'라 불러도 될 것이다.

이렇게 삼라만상을 진화 발전하게 하는 우주의 흐름에 동조하느냐 않느냐로 인생이나 일의 성패가 결정된다. 나는 그렇게 생각한다. 이 우주의 흐름에 조화를 이루며 진화하고 발전하는 생각과 실천을 할 수 있다면 인생이나 사업에서 멋진 성과를 얻을 수 있을 것이다. ―『경천애인 敬天愛人』

이렇게 바이간과 마츠시타 고노스케, 그리고 이나모리 카즈오 세 사람의 사상은 신기할 만큼 일치한다.

인간을 넘어선 법칙이 이 대자연에 엄연히 존재한다는 것, 대자연과 대비해볼 때 인간이란 존재의 의의가 명확히 드러난다는 것이 이들 세 사람의 사상을 관통하는 핵심 내용이다. 그렇게 함으로써 인간이 해야 할 일과 해서는 안 될 일을 자각하게 하려는 것이다.

환경 대책이야말로 천지자연의 이치
::

전 세계적으로 경영이념의 중요성을 새롭게 보려는 움직임이 일어나고 있다. '기업은 무엇을 위해 존재하는가?' 라는 명제를 진지하게 생각하지 않을 수 없는 시대적 요청이 있었기 때문이다.

경영이념을 생각할 때 "인간의 본질이나 자연의 섭리에 비추어 무엇이 옳은가에 입각한 경영이념은 옛날이나 지금이나 또 미래에 있어서나 일본이나 외국이나 마찬가지다. 나는 체험에서 이러한 생각을 가지게 되었다."라는 마츠시타 고노스케의 말이 좋은 참고가 될 수 있을 것 같다. 아마도 이나모리 카즈오도 똑같은 생각일 것이다.

'어떠한 경영이념을 가져야 할까'를 고민하는 경영자가 많을 줄로 안다. 바라건대 이 말을 참고로 해주시기를.

지구환경이 세계적 이슈가 되고 있는 지금도 여전히 "과학 만능의 시대에 들어서서 인간은 자신의 능력을 과신하여 천지자연의 이치를 침범하고 있다." 그 결과가 지구온난화현상이다. 지금 세계 각지에 이상 기후가 나타나고 있다. 이 문제는 법률 규제나 교토의정서의 합의에 따르면 해결된다는 생각이 만연하고 있다. 너무도 수동적인 발상이다.

중요한 것은 스스로 어떤 법칙을 깨닫고 실천하는 것이 아닐까. 천지자연의 이치, 자연 공법을 경영이념의 기본에 둘 때 기업은 완전히 다른 방식으로 이 문제에 대처할 수 있을 것이다. 환경문제는 인류에게 우주나 자연의 소중함을 다시금 생각하게 하는 기회를 주었다. 일본 기업 가운데는 환경문제를 적극적으로 받아들여 경영 자체의 성격을 바꾸려는 곳도 있다. 환경문제가 세계적인 과제가 된 지금 '천지자연의 이치'는 일본 기업이 세계를 향해 새로운 경영철학을 발신하는 하나의 계기가 될지도 모른다.

이 시 다 바 이 간 에 게 배 운 다

컴플라이언스 4

기업 비리를 어떻게 막을 것인가

또한 세상이 정한 법도를 지키며 자신을 다스리는 것이 소중한 일이다. 상인이 상도를 마음에 담지 않고 굳건한 도덕심을 갖지 않는다면 세상이 허락하지 않는 부를 축적하게 될 수도 있다. 그러면 언젠가는 파탄이 찾아와 자손도 끊어지고 말 것이다. 진정으로 자손을 위한다면 상도를 바로 세우도록 노력해야 한다.

'겐로쿠 거품경제'의 교훈
::

위의 인용문은 '상도를 묻는 단'을 마무리하는 부분이다.

겐로쿠시대 元禄時代 에는 화폐가 통일되고 유통이 일반화되면서 소비문화가 발달했다. 금은을 자유롭게 거래하고 사용할 수 있게 되자 무한히 커지는 욕망을 채우는 데는 금은이 최고라는 풍조가 만연했다.

봉건 영주들은 그 권력을 마음껏 휘두르며 마음 가는대로 현세의 향락을 누렸다. 또한 그들과 밀접한 관계를 유지하던 상인계층에서도 향락에 빠지는 사람들이 늘어났다. 벼락부자가 생겨나고 호상이 등장했다. 이하라 사이가쿠 #原西鶴 는 당시의 사회상을 "상인들이 원하는 대로 움직이는 세상이 되었다."며 "돈으로 해결하지 못할 게 없는 세상"이라고 묘사했다. 『일본영대장 日本永代藏』

　그런 풍조 속에서 직권을 남용해 사복을 채우는 관리가 많았고 뇌물과 청탁이 횡행했으며 폭리를 취하고 부당한 거래로 돈을 버는 악덕 상인이 창궐했다. 또한 상품을 매점매석하여 부당한 이익을 취하거나 가격을 조작해 터무니없는 이익을 남기는 투기꾼도 생겨났다.

　그런 모습을 보고 바이간은 "세상에는 상인처럼 보이지만 사실은 도적이나 다름없는" 사람이 많다고 비판했다. 바이간은 장사를 하는 문하생들에게 그런 악덕 상인에 대한 정보를 수도 없이 들었을 것이다. 그런 내용이 『도비문답』에 반영되어 있다. 사례 하나를 '어느 학자가 상인의 학문을 나무라는 단'에서 인용해 보자.

　비단 한 필에서 그 길이가 한두 촌 짧은 것을 발견하면 상인은 생산자에게 불량품이라 하여 가격을 깎는다. 그러나 그것을 고객에게 팔 때는 온전한 물건이라 속여 제값을 다 받는다. 이 상인은 사는 데서 이익을 취하고 파는 데서도 이익을 취한다. 이렇게 이중으로 득을 보는 것은 말이 안 된다.

생산자에 대해서는 결함 상품이라 해서 가격을 깎고 고객에게
는 모른 척하고 정가로 팔아서 이중의 이익을 취하는 상인의 예다.

쇼군将軍 도쿠가와 요시무네德川吉宗의 교호개혁享保改革은 이러
한 부당한 거래를 없애고 부정이 횡행하는 사회를 개혁하기 위해
단행된 것이다. 개혁은 막번체제의 강화를 중심축으로 삼아 재정
의 긴축, 검약 정책의 철저, 농촌 진흥, 상인 세력의 억제라는 형
태로 강력하게 추진되었다.

이러한 개혁의 결과 상가의 도산, 몰락, 가업 포기 등이 줄을 이
었다. 바이간도 『제가론齊家論』에서 이에 대해 언급하고 있다.

삼사십 년 전까지만 해도 교토나 오사카에서 거부로 알려졌던
상인들이 어디로 갔는지 종적을 감추었다. 파산하여 스스로 밥을
지어 먹는 사람도 있다. 열 가운데 일고여덟이 그런 형편이다.

이 개혁이 얼마나 가혹했는가를 알 수 있다. 그러나 이 개혁은
그만큼 상인들에게 큰 교훈을 주었다. 생각 있는 상인들은 이를
계기 삼아 상거래가 어떠해야 하는지, 진지하게 반성했다. 가업을
자손 대대로 물려주기 위해서는 어떻게 장사해야 하는지 생각하
게 되었다. 오만한 마음을 되돌아보게 하고 검약, 근면, 정직을 소
중히 여기는 계기가 되었다.

강제가 아닌 가치관의 공유로
::

최근에 컴플라이언스compliance라는 말이 자주 사용되고 있다. 말 그대로 번역하면 '법령 준수'다. 나라에서 정한 법률을 제대로 지킨다는 뜻이다. 이 말은 1990년대 기업 비리가 빈번하게 일어난 이후 미국의 기업윤리 이론이 일본에 도입되면서 사용되기 시작했다.

1999년 미국기업윤리협의회 ECOA, Ethics & Compliance Officer Association 의 전무이사인 데이비드 스미스David Smith가 일본에 왔을 때 나는 그의 강연을 들었다. 거기서 그는 다음과 같이 말했다.

미국의 기업윤리에는 변화의 징후가 보이기 시작했습니다. 지금까지 미국의 기업들은 비리를 방지하는 데 초점을 두었지요. 따라서 법령의 준수라든지 기업 행동 기준을 지키는 것 등 이른바 컴플라이언스가 중심에 있었습니다. 그러나 그것만으로는 진전이 없다는 것을 알았습니다. 종업원들과의 가치 공유에 기초한 경영에 중점을 두어야 한다는 의견이 많아졌습니다.

당시 내가 대학 강의에서 강조하는 내용과 일치했다. 나는 그런 변화가 언제부터 나타났느냐는 질문을 했다. 그러자 그는 내 쪽을

78

바라보며 일본식으로 깊이 머리를 숙여 인사를 하고는 "우리는 그 것을 일본 기업에서 배웠습니다."라고 대답하는 것이었다.

1980년대 일본 기업의 품질관리에서 배웠습니다. 일본의 공장을 견학하고 작업 현장을 살펴보았습니다. 일하는 사람들이 하나의 그룹이 되어 품질관리를 하고 있었어요. 결코 강제적으로 하는 게 아니었습니다. 각자가 품질관리의 가치에 대해 깨닫고 경영자와 가치관을 공유하여 자발적으로 일을 하고 있었지요. 수준 높은 품질관리를 위해서는 미국도 거기서부터 출발해야 한다는 것을 깨달았습니다. 그것이 계기였습니다.

그 말을 듣고 나는 감동했다. 그야말로 일본식 경영의 장점을 그대로 지적한 말이었기 때문이다.

CSR의 기본은 지속가능성
::

이시다 바이간은 "상인도 성인聖人의 길을 모르면 부당하게 부를 축적하기가 쉽고, 그러다가 마침내는 자손이 끊어지는 지경에 처할 것이다."라고 했다.

그가 말하는 '성인의 길'이란 '상도'이기도 하다. 그것은 당연히 개개인의 마음속에 확립되는 가치관이다. 스스로 믿는 가치관에 기초하여 자신의 행동을 조율하는 것, 그것이 바이간의 컴플라이언스다.

그리고 바이간은 눈앞의 욕망에 사로잡혀 부정한 길로 들어서면 자손이 끊어지고 말 터이니 자손을 사랑한다면 올바른 상도를 배우고 확립하라고 말한다.

CSR의 기본 사상 중 하나가 바로 지속가능성이다. 사회적 책임을 생각할 때는 반드시 다음 세대에 대한 배려라는 '잣대'를 거기에 더해야 한다. 왜 그렇게 해야 할까? 그것은 바로 지구환경 때문이다.

자손을 사랑한다면 올바른 길을 배워 번영해야 한다는 바이간의 말과 사상은 그야말로 지속가능성을 지적하는 것이 아니겠는가.

오늘날 자본주의를 위험에 빠지게 할 요인 가운데 하나가 펀드 캐피털리즘 fund capitalism이다. 펀드, 즉 투자 자금을 운용하면 분기마다 그 성과를 결산한다. 그래야 수익을 얻는 사람들이 생긴다. 그들의 의견이 마치 주주를 대표하는 것처럼 보도되기도 하지만 그건 심각한 오류다. 그들은 오로지 단기적 성과에만 집착한다.

단기적 이익 추구에 빠진 사람들은 돈의 흐름은 잘 보지만 기업 집단을 지탱해주는 근본인 사람의 얼굴이나 노동의 가치는 보지 못한다. 일본경단련 회장인 오쿠다 히로시奧田碩는 "인간의 얼굴을 한 시장경제"라는 이념을 주장한다. 자본주의의 위험성을 지적하는 아주 적절한 말이다.

요컨대 단기적으로 주주 이익을 추구하는 경영방식은 장기 안정적인 발전을 이룰 수 없다. 그런 위험을 피하기 위해서라도 지속가능성이란 이념이 필요하다.

지금까지 『도비문답』 가운데 '상도를 묻는 단'을 다루었다. 제2장에서 제4장에 걸친 내용은 바이간의 상도 이념에서도 가장 핵심적인 부분이라 할 것이다.

이 시 다   바 이 간 에 게   배 운 다

이익의 정당성

무엇을 위한 부의 축적인가

5

상인들 가운데는 탐욕스런 사람이 많아서 그들은 온 종일 욕심을 채우는 꿈만 꾸고 있소. 그들에게 탐욕을 버리라는 것은 고양이에게 눈앞의 생선을 먹지 말라는 것과 같지 않으이까? 그러니 그들에게 학문을 권하는 것도 의미 없는 일이오. 그것을 잘 알면서도 가르치려는 그대 또한 참 별난 사람이 아닌가 싶소.

답. 상도를 모르는 사람은 사욕에 사로잡혀 마침내 집안을 망치고 맙니다. 그러나 상도를 알면 사욕에서 벗어나 어진 마음으로 장사를 하여 번영할 것입니다. 그것이 학문이 가져다주는 덕이 아니겠습니까.

그렇다면 이익을 보지 말고 물건을 원가로 넘기라고 가르칠 생각이시오? 상인이 이익 없는 장사를 한다는 말은 들어보지 못했소.

답. 팔아서 이익을 남기는 것이 상도지요. 원가로 파는 것이 상도라는 말은 아직 들어보지 못했습니다. 팔아서 이익을 남기는 것을 상도가 아니라 탐욕이라 한다면 공자는 왜 상인인 자공을 제자로 받아들였겠습니까. 자공은 공자의 가르침을 상거래에 활용하였습니다. 자공도 이익이 남지 않았더라면 부를 축적하지 못했을 것입니다. 상인의 이익은 무사의 봉록과 같습니다. 상인이 이익 없이 장사를 한다면 무사가 봉록을 받지 않고 주군을 모시는 것이나 다름없지 않겠습니까.
수공업 직공에게는 공임을 지급합니다. 농업에 종사하는 사람은 연공年貢을 바치고 남은 것을 취합니다. 그 또한 무사의 봉록과 같은 것이지요. 이 세상 모든 사람의 생활은 물건을 만드는 공업, 농산물을 생산하는 농업, 그리고 그것을 유통시키는 상업의 발달 없이는 불가능합니다. 상인의 이익도 천하가 내려주는 봉록이라 해야 마땅합니다. 그런데 사람들은 상인의 이익만을 탐욕이라 하여 인간의 길에서 어긋난다고 말합니다. 그래서 상인을 미워하고 그들의 존재를 부정하려 듭니다. 어떤 논리적 근거로 상인만을 이렇게 멸시하고 미워하는지 모르겠습니다. 참으로 말도 안 되는 이야기가 아니겠습니까.

비난과 반론이 사상을 단련시키다

::

이 문장은 『도비문답』의 '어느 학자가 상인의 학문을 나무라는 단'에서 따온 것이다.

당시 유학을 공부한 학자가 상인의 학문이란 것을 가르치는 바이간에게 비난과 공격의 질문을 던지고 바이간이 거기에 대답하는 형식으로 되어 있다.

이 문장의 첫머리는 다음과 같은 도전적인 말로 시작된다.

나는 학문을 좋아한다. 그대도 표면적으로는 학문을 내세워 자신의 생각을 널리 펼치고 있다. 가르치는 것은 성인의 길이나 다

른 점이 있을 리 없지 않겠는가. 그런데 아무리 들어도 이해가 안 된다. 만일 내가 이해하지 못하는 부분을 명확히 설명해준다면 그것을 학문이라 인정할 것이다.

정식으로 학문을 배우지 않은 바이간이 자신의 사상을 학문이라 칭하고, 학문 따위는 필요도 없을 상인을 상대로 그 가르침을 편다는 것은 사회 통념이었던 천상론賤商論에 비추어볼 때 도무지 얼토당토않은 행위였다. 그러기에 이러한 의문 제기가 끊이지를 않았던 것이다.

애당초 『도비문답』의 맨 처음 문장도 시골에서 올라온 사람의 질문으로 시작된다.

나는 최근에 상경하여 친척 집에 머물고 있는데 어느 학자에게서 그대(바이간)가 가르친다는 학문은 이단이며 유학과는 다르다는 말을 들었다.

이 두 가지 일화를 보아서도 당시에 이런 학자들에게 바이간이 얼마나 심한 공격과 비난을 받았는지 짐작할 수 있다. 바이간은 자신이 깨달은 바를 더 많은 사람들에게 전하기 위해 애써 학교를 열었던 만큼 절대로 밀릴 수 없는 처지였다. 오히려 그런 험난한 과정을 겪는 사이에 그의 철학은 더욱 단련되고 다듬어져 상인 사회에서 강한 설득력을 가질 수 있었다.

정식 교육을 받지 않은 바이간의 사상이 오늘날을 살아가는 우리에게도 매력을 가질 수 있는 것은 '고난이 당신을 보석으로 만든다.'라는 속담처럼 이러한 비판이나 반론과 정면으로 부딪치며 갈고닦은 결과가 아닐까 싶다.

이 장에서 인용한 문장은 "상인이란 애당초 탐욕스런 존재인데 그런 그들에게 탐욕을 버리라고 가르치다니, 그건 고양이에게 눈앞의 생선을 먹지 말라는 말과 같다."라는 상인의 감정을 박박 긁는 말로 시작된다. 바이간은 거기에 대해 상인이라고 해도 상도를 배우고 깨달으면 어질고 착한 마음으로 올바르게 장사를 할 것이라고 주장한다. 그러자 기다렸다는 듯이 "그렇다면 이익을 보지 않고 원가로 물건을 판다는 말인가?" 하고 따지고 든다.

이 논쟁은 아주 긴박한 분위기를 띠고 있다. 아마도 학교의 강의가 세미나 방식으로 서로에게 하고 싶은 말을 하는 토론이었기에 가능했을 것이다.

돈 버는 것을 멸시한 무사계층

::

바이간은 한 푼이라도 가벼이 여겨서는 안 되며 그 한 푼 한 푼을 모아 부를 축적하는 것이 상인이라고 했다. 부를 축적하는 것 자체를 께름칙하게 여겼던 당시의 상인들에게 바이간의 이 말은 세상의 무엇보다도 용기를 주는 것이었다. 상도와 부는 서로 조화를 이룰 수 없다고 생각했던 그들에게 그야말로 하늘의 계시처럼 들렸을 것이다. 그러나 그 전에 부의 원천인 '이익, 즉 벌이'의 정당성을 명확히 하지 않으면 안 되었다.

막번체제를 지탱하는 지배계급이었던 무사나 어용학자들에게 사농공상이라는 신분제도의 유지는 절대적인 것이었다. 그 때문에 경제 활성화와 함께 상인들이 번영하는 것 자체가 그리 유쾌한 일이 아니었다. 그들에게 상인의 돈벌이는 부당한 행위였고 상인의 이익은 속임수처럼 보였다.

에도시대 중기를 대표하는 경세가로 간세이 3대 기인奇人 중 한 사람이었던 하야시 시헤이林子平는 "상인이란 존재는 세상 사람들의 돈을 긁어가기만 할 뿐 아무 소용이 없다. 양식만 축낼 뿐이다."라고 말했다. 이러한 논자로 대표되는 상인에 대한 편견은 무사계층의 생각을 대변하는 것이었다. 그런 풍조 속에서 신흥 세력으로 등장한 상인들의 내면에서는 자신들의 사회적 역할을 명확히 하고 싶은 욕구가 일고 있었다.

따라서 이 장에서 인용한 어용학자와 벌이는 논쟁은 상인들에게 솔깃한 주제였으며, 바이간의 대답은 그들의 가슴을 시원하게 해주었다.

바이간의 논리는 무사가 주군한테서 받는 봉록은 자신의 역할에 대한 보수이며, 그것이 정당한 일이라면 상인이 물건을 팔아서 그 노동의 대가로 이익을 내는 것 또한 정당한 일이라는 것이다.

덧붙여서 원가로 물건을 파는 것이 도리라는 말은 공자 시절 이래로 들어본 적이 없다며 성인 공자와 그 제자인 자공을 끌어들여 설명한다. 자공은 공자 문하의 십철+哲 가운데 한 사람으로 문하생 가운데서 가장 부유한 사람이었다. 그렇게 사업 능력이 뛰어난 제자를 곁에 두었다는 것은 공자가 '이익'을 인정했다는 말이 아닌가. 상인에게 이익 따위는 필요 없다는 것은 무사가 봉록 없이 일을 하는 것과 같다. 그래서는 무사가 생계를 꾸려나갈 수 없거니와 상인이라는 직업도 성립할 수 없다.

그야말로 호쾌한 논리의 전개다. 경제의 합리성으로 본다면 오늘날에도 통하는 말이다. 그러나 막번체제 아래의 무사에게는 결코 허용될 수 없는 논리였다. 왜냐하면 무사가 받는 봉록은 주군이 내려주는 '은총'과도 같은 것인데, 그것을 그들이 멸시해 마지않는 상인들이 상거래를 통해 얻는 이익과 마찬가지라고 하니 마음이 편할 리 없었기 때문이다.

상인들의 자주독립 정신
::

화폐경제가 발달하고 시장경제의 가격 메커니즘이 확립되어 교환체계가 이뤄지기 시작할 즈음, 이시다 바이간은 다른 계급에는 없는 상인 특유의 관점에서 그 시대정신에 부합하는 이론을 세우고 그것을 널리 알렸다. 바이간의 기개와 진면목이 잘 드러나는 대목이다.

자신의 사상을 명확하게 말할 수 있기까지 바이간은 상당한 각오를 했을 것이다. 사농공상의 신분고정제에 대한 반론으로 해석될 수도 있는 까닭이다. 특히 무사의 봉록을 노동의 대가로 보아 상인의 노동과 등가로 다루는 부분이 그렇다.

이것은 분명한 독립의식과 개인의식의 표현이다. 사회를 형성하는 각 개인에게는 나름의 역할이 있으며, 그것은 결코 다른 사람이나 다른 직업으로 대체할 수 없다는 직업의식이 나타나 있다.

유교의 주자학만을 공부했더라면 결코 나올 수 없는 사상이다. 그가 이러한 사상을 형성할 수 있었던 것은 시장경제에 직접 몸을 담고 상인으로서 체험을 했기 때문일 것이다. 나아가 부당하게 차별받는 상인의 분노도 있었을 것이다. "어떤 논리적 근거로 상인만을 이렇게 멸시하고 미워하는지 모르겠습니다."라는 마지막 말은 논리를 넘어 상인계급의 대표가 토해내는 강력한 항의의 목소리로 들린다.

이익을 내는 것 자체에 대한 저항감은 비단 에도시대만 있었던 것은 아니다. 메이지, 다이쇼, 쇼와, 전후 시대에도 이익이란 말 자체를 꺼리는 풍조가 있었다. 하물며 상인을 천시하는 시대가 아니었던가. 사회적인 역할을 다하면서 이익에 대해 뒤틀린 의식을 가질 수밖에 없었던 당시의 상인들에게 바이간이 말하는 이익의 정통성 논리는 무엇에도 비길 수 없는 막강한 원군이었다. 그들은 바이간의 이익 논리에 용기를 얻어 자기들 직업의 사회적 정당성을 확인할 수 있었다.

막번체제라는 숨 막히는 사회규범 속에서도 에도시대의 상인들은 가히 세계적이라 할 만한 뛰어난 시스템을 만들어냈다. 오사카 도지마堂島의 쌀 선물시장은 세계 최첨단이었고 금융, 환전을 중심으로 한 금융업의 발달은 유럽에 못지않았다. 이러한 시장경제의 발달이 동양의 일각에서 이루어질 수 있었던 것은 상인들이 자기 일에 자부심을 가지고 당당하게 매진한 결과이다. 에도시대 상업 시스템의 형성 과정에는 그 한가운데에 바이간의 이익의 정당성 이론이 자리하고 있는 것이다.

이 시 다 바 이 간 에 게 배 운 다

공생의 이념 6

너 도 살 고 나 도 살 고

상인이 거래를 통해 이익을 얻는 것이 무엇인지는 알겠다. 그러나 그 밖의 부분에서 사회적으로 허용될 수 없는 일을 하기도 하지 않는가.

답. 요즘 세상 돌아가는 것을 보니 그런 비뚤어진 일이 많은 것 같다. 상인이 이중의 이익을 취하거나 뇌물을 받는 것은 참으로 위험한 일이다. 그런 뇌물은 뜬구름처럼 허망한 것이니 금방 사라지고 말 것이다. 그러한 일들을 멀리하게 하려면 학문을 배워 상도를 몸에 익혀야 한다. 겉은 상인처럼 보이는데 사실은 도둑인 경우가 있다. 진정한 상인은 거래 상대도 살고 자신도 사는 길을 택한다. 속임수를 써 눈앞의 이익만을 좇는 사람은 진정한 상인이 아니다.

상인과 도둑

::

앞 장에 이어 '어느 학자가 상인의 학문을 나무라는 단'에서 인용한 문장이다.

상인이 상거래를 통해 얻는 이익에 관해서는 일정한 이해를 표한 그 학자는 이어 "상인들이 여러 가지 좋지 못한 일을 한다고 들었는데 그 밖에도 달리 나쁜 일을 하는 건 아닌가." 라고 심술궂게 묻는다.

거기에 대해 바이간은 최근에 사회적으로 허용될 수 없는 일들이 꽤 있었다고 대답하면서 구체적인 예를 든다. 그것들을 정리하면서 이중 이익, 저울눈금 속임, 뇌물 공여 등은 모두 뜬구름과 같은 것으로 언젠가는 천벌을 받을 것이라고 지적한다. 그리고 그러한 잘못된 행위를 못하게 하기 위해서라도 학문을 가르쳐야 한다며 상인이 학문을 배워야 할 필요성과 이유를 강조한다.

바이간은 상인을 멸시하는 세상에서 상인의 사회적 역할을 강조하고 이익의 정당성을 외치며 상인이 얻는 이익이란 무사가 받는 봉록과 같은 것이라고 단언한다. 그런 만큼 이익을 산출하는 과정에는 상인의 행위에 엄격한 윤리적 규범이 있어야 한다고 주장한다.

부유한 상인계층에 대해 강한 반감을 가졌던 시대에 상인의 이익이 정당한 노동의 대가라고 주장한 이 발언은 지금 시대의 사고로는 상상도 할 수 없을 만큼 대담한 것이었다. 그야말로 목숨을 건 발언이었다. 그런 만큼 그 주장이 세상에서 인정받기까지 상인 자신이 결코 부정한 수단으로 부를 축적해서는 안 된다고 외쳤던 것이다.

"세상에는 상인 같아 보이는 도둑이 있다."는 말은 그렇지 않아도 멸시받는 상인을 더욱 천박한 존재로 만들어버리는 악덕 상인에 대한 분노의 표현일 것이다. 그리고 그러한 과오를 범하지 않고 올바른 상인으로 살아가는 길을 깨우치기 위해서라도 학문을 배워야 한다고 말한다.

그는 학문이란 단순히 기술이나 지식을 얻기 위한 것이 아니라 사람의 길, 상도를 배우기 위한 것이라고 명확히 정의내리고 있다. 상인을 멸시하는 사회였기에 바이간의 사상은 뜻있는 상인들의 마음을 사로잡았고 학문을 배우고 싶어하는 문하생이 점점 늘어날 수밖에 없었다.

세상에는 부정을 저지르는 상인이 많다. 그러나 부정을 저지르면 '하늘이 알고 땅이 알고 자식이 알고 내가 알기에' 반드시 천벌을 받으며, 결국에는 집안을 망치는 지경에 이르고 말 것이다. 그는 그것을 "얄팍한 술수로 눈앞의 이익을 취하면 반드시 하늘의 벌을 받는다. 정직함은 당장은 보상받지 못할지 모르지만 결국은 하늘의 은총을 받게 될 것이다."라는 말로 강조했다.

납품업체와 고객과 함께 흥한다
::

지금까지 바이간이 주장한 상도 사상에는 천지자연의 이치, 정직, 절약, 법의 준수 등이 있었다. 이 단에서 바이간은 새로운 것을 제안한다. 그것은 '너도 살고 나도 사는' 공생의 사상이다.

고객을 위해 시장에서 상품의 성능을 다투거나 가격을 다투는 것은 좋다. 그것은 경제인으로서 마땅히 해야 할 일이다. 그러나 납품업체와 고객의 입장을 동시에 생각하며 장사를 하는 태도가 중요하다. 다시 말해 납품업체와 고객과 함께 번성하려는 태도를 가져야 한다. 그것이 바로 공생의 사상이다.

세상에는 자신의 유리한 입지를 이용해 납품업체를 못살게 구는 사람이 있다. 그래서 상가의 가훈을 보면 그런 행위를 경계하는 내용이 많다.

바이간의 수제자로 기모노 가게를 운영했던 오미야진베에 사이토 젠몬이 만든 '교토 오미야진베에 가사교훈'을 예로 들어보자.

세상에서 무슨 물건이든 사들여 그 가격을 정하는 것은 상인의 당연한 권리이다. 그러나 세상을 둘러보면 드물게는 마음이 비뚤어진 사람이 있어 물건을 사고 가격을 정하는 자기의 권리를 내세워 납품하는 사람을 제멋대로 다루거나 큰소리를 친다. 또 자기가 조금이라도 돈이 더 많을 때는 상대를 깔보기도 하는데 참으로 한심한 노릇이다. 만일 자신을 돌아봐 조금이라도 이런 마음을 가지고 있다면 개나 고양이와 다를 바 없다고 해야 할 것이다. 반드시 마음에 새겨두어야 할 일이다.

납품하는 상인들을 무례하게 대하지 말아야 한다. 물건을 사들일 때는 그 가격을 충분히 고려하여 신중하게 결정해야 한다. 그런데 물건을 사들이면서 사람을 죽이는 일도 있다. 사는 사람이

98

고집스럽게 물건 값을 깎고 울상을 지으면 물건을 파는 사람은 거래를 그만두고 싶으면서도 그 기분을 상하게 하면 단골을 잃을까 걱정되어 손해를 감수하고 부르는 대로 줘야 한다. 이렇게 하면 물건을 싸게 사서 잘한 일 같지만 이것은 남을 제멋대로 주물러 고통을 준 것이다. 반드시 이를 마음에 새겨두어야 한다.

오늘날 기업의 구매 부서에서 하는 사원교육 내용보다 더 세심하다. 약한 입장에 놓인 사람의 입장을 배려해 엄격한 말로 경계할 것을 가르치고 있다.

이러한 가훈 내용은 지금도 그대로 통용될 수 있을 것이다.

'공생'의 사상을 내세운 '코 원탁회의'
::

1985년 일본의 대 유럽 수출이 급증했다. 이에 따라 현지에서는 강력한 일본경계론이 나왔다. 그런 움직임을 보고 걱정하는 사람들이 있었다. 네덜란드 필립스 전 회장 프레더릭 필립스Frederik Philips 박사와 프랑스의 올리비에 지스카르 데스탱Olivier Giscard d'Estaing 유럽경영대학원 이사장이었다.

두 사람의 제의가 일본의 경영자에게 호소되어 '코 원탁회의The

Caux Round Table'가 발족되었다. 그 후 미국의 재계 인사도 가담하여 상대에 대한 불신과 오해가 전쟁까지 일으켰던 역사적 교훈을 되새기며 가슴을 연 신뢰의 대화가 이루어졌다.

7년간의 교류를 거쳐 1992년 회의에 일본 대표로 참석한 캐논의 가라이 류사부로賀來龍三郞 회장은 '공생' 이념을 새롭게 제안했다. 그의 제안은 유럽 대표들 사이에서 공감을 불러일으켰다.

이에 따라 1994년 '코 원탁회의 기업 행동 지침'이 발표되었다. 기업의 행동 지침을 각국의 경영자가 공동으로 채택한 것은 역사상 처음 있는 일이었다. 거기에는 '상호협력, 공존공영, 건전하고 공정한 경쟁 도모'라는 일본 측이 제안한 '공생' 이념이 정확하게 반영되어 있었다.

1990년대 들어 지구온난화 문제가 발생하면서 지구환경 문제가 부각되었다. 또한 제한된 자원이라는 문제에 직면해 지구상의 모든 사람이 운명공동체라는 의식이 높아졌으며, 인간 상호간의 공존과 인간과 자연의 공생의식이 급속하게 퍼져나갔다.

운명공동체와 '그린 조달'

::

앞에서 말한 CSR의 세 가지 키워드 가운데 하나는 '스테이크홀더와 상호관계 속에서 개선해나간다'라는 것이다. 이것이야말로 공생 사상이다. 인간은 혼자서는 일할 수 없다. 기업도 단독으로 일을 할 수 없는 건 마찬가지다. 당연한 일이다. 그러나 경제성장이 무한히 계속될 것이라 믿었던 시대에는 어느 정도의 '나의 길을 가련다going my way'가 허락되었고, 그런 기업이 성공하기도 했다. 지금은 그것을 허용할 수 없는 시대가 되었다. 공존공영이 어느 때보다 필요한 시대인 것이다.

그 이유 중 하나는 지구환경 문제에서 비롯한 인류의 위기감이다. 지구온난화를 방지하고 에너지 전환을 도모하며 상품의 안전성을 확보하는 데 어느 특정 기업만의 힘으로는 안 된다. 그 방침을 강조하고 실현하는 것 자체가 불가능하게 되었다.

그래서 최근에 글로벌 기업 사이에서는 '그린 조달調達'이란 말이 급속히 퍼져나가고 있다. '그린 조달'이란 그러한 환경이나 안전문제에서 가치관을 공유하는 기업끼리 만들어낸 조달체계를 말한다. 발주하는 기업은 소재, 가공, 금형, 포장 등을 담당하는 각 기업에 대해 동일한 환경 부하물질의 관리 기준이나 유해물질의 배제 기준을 설정하고 감사 과정을 거쳐 인증을 주어 조달한다.

지구환경이 주요 문제로 등장한 이후로 이러한 스테이크홀더 사이의 협동 책임 체제가 불가결한 요소가 되었다. 자기 본위의 경영으로는 소비자에게 만족을 줄 수 없게 된 것이다.

바이간의 '너도 살고 나도 사는' 공생 사상이 새삼 강조되는 시대가 된 것 같다. 공생 사상은 또한 자연을 대하는 태도에서도 중요하게 작용한다. 일본인은 원래 자연을 숭배하고 산이나 숲 등의 삼라만상에 신이 깃들어 있다는 정령신앙을 가지고 있었다. 또한 농경민족으로서 자신의 밭은 자신의 손으로 경작하지만, 남의 밭에 대해서는 간섭하지 않는다. 그러나 수리권을 대화로 해결하고 때로는 공동 작업을 통해 서로의 생산성을 높여주는 전통이 있었다. 그런 것이 바로 공생의 사상이다. 그것은 농경민족으로서 자연의 섭리 앞에 경외심을 가졌던 일본인 특유의 감각이라 할 것이다.

정직, 성실, 자기책임의 경영
::

'미일구조협의회 SII, Structural Impediments Initiative'는 계열화의 부정적인 측면만이 부각되면서 비판을 받았지만, 실제로 계열화는 일본 기업의 전후 고도성장에서 큰 역할을 했다. 1964년 도쿄올림픽 이후 일본은 심각한 구조적 불황을 겪었다. 마츠시타전기도 위기를 맞아 마츠시타 고노스케 회장이 영업본부장을 겸임하면서 대책에 부심했다.

그 당시 본사의 예산과장이었던 나는 거래처와 협의를 마치고 돌아오는 길에 회장의 호출을 받았다.

"히라다, 개혁은 먼저 우리의 거래처에게 이익을 주는 데서 시작해야 하는 걸세. 즉시 자금을 준비하게."

나는 그 말에 깜짝 놀라, "회장님, 그러면 우리 회사는 적자를 면치 못합니다." 하고 반대했다.

그러나 회장은 이렇게 말했다.

"지금은 거래처가 먼저 이익을 올릴 수 있게 해서 힘을 갖추게 해야 할 때라네."

그렇게 해서 개혁이 시작되었다. 그 개혁은 일 년도 안 되어 성공을 거뒀고 실적도 올랐다. 마츠시타 고노스케식 공생 사상이 승리하는 순간이었다.

공생 사상에서 무엇보다 우선적이고 중요한 것이 있다. 그것은 '상대를 살린다' 라는 것이다. 물론 상대에게 무작정 퍼준다는 의미가 아니다. 상대가 독립 기업체로서 자기책임을 가지고 그 힘을 발휘할 수 있도록 협력한다는 뜻이다. 시장을 통해 고객에게 만족을 줄 수 있는 상품을 세상에 내놓기 위해서는 갈등이나 충돌이 있어서는 안 된다. 공급자와 판매자가 서로 자신의 책임을 알고 스스로 갈고닦아야 한다. 대화와 협력을 통해 서로에게 자신의 진실한 자세를 전해야 한다.

그것이 바로 바이간이 말하는 정직과 성실이 아닐까.

이 시 다 바 이 간 에 게 배 운 다

검약과 정직 7

인 간 의 본 성 으 로 돌 아 가 라

사욕私慾 만큼 세상에 해를 끼치는 것도 없다. 이것을 깨닫지 못하는 검약儉約은 그저 물건을 아끼는 데 지나지 않는데, 그것만으로는 세상의 해악일 뿐이다. 그러나 여기서 말하는 검약은 정직正直에서 나오는 것으로 사람들에게 행복을 가져다준다.

검약이란 그리 특별한 것이 아니다. 선천적으로 인간이 타고나는 정직한 마음으로 돌아가는 것일 따름이다. 인간이란 본디 하늘의 자식이다. 그러므로 작은 우주이다. 인간은 작은 우주로서 하늘의 분신이기에 본디 사욕 같은 건 없다. 자기의 물건은 자기에 속하고 다른 사람의 물건은 다른 사람에 속한다는 것을 안다. 빌린 것은 돌려주고, 빌려준 것은 돌려받고, 소유와 임차의 관계를 명확히 하여 털끝만큼이라도 사심 없이 자연 그대로 행하는 것이 바로 정직이다. 이러한 정직이 행해지면 세상 사람들 전체가 서로 잘 통하여 형제처럼 될 것이다. 내가 바라는 것은 세상 사람들이 힘을 모아 이러한 사회를 만드는 것이다.

벤저민 프랭클린과 바이간의 검약론

::

이시다바이간은 『도비문답』에 이어 『제가론齊家論』을 저술했다. 제자 오미야진베에 사이토 젠몬이 어느 날 스승에게 "상거래에는 무엇보다도 검약이 중요한데, 그것을 실천하는 데 필요한 검약의 의의를 밝히는 책이 필요합니다."라고 말한다. 『제가론』은 제자의 이 같은 제안이 동기가 되어 스승 바이간이 쓴 책이다.

실제로 『제가론』의 서문을 보면 "동문同門들이 집안을 올바르게 다스리는 데 필요한 것이라 하여 검약에 대해 생각해보았다."라는 바이간의 말이 나온다. '검약제가론'이라고도 하는 데서 알 수 있듯이, 이 책은 바이간의 검약에 대한 생각을 정리한 책이다. 이 장을 시작하는 인용문은 『제가론』에서 따온 것이다.

『제가론』은 상하 두 권으로 구성되어 있으며, 검약편은 상권에 해당한다. 스스로 검약을 실천하는 바이간에 대한 당시의 비판이나 비난을 소개하면서 왜 이런 것을 무릅쓰고 검약을 주장하느냐는 질문에 대답하는 형식으로 자신의 사상을 개진한다. 겐로쿠 시대의 향기로운 소비문화를 맛본 사람들에게 검약론이란 씨알이 먹히지 않는 얘기였다. 그래서 왜 그렇게까지 절약하면서 살아야 하느냐는 반발이 컸을 것이다.

현대 경제학에서는 소비가 있어야 수요가 생기고 경제가 확대되므로 검약론은 통용될 수 없다고 주장되기도 한다. 그러나 당시는 무사든 상인이든 농가가 생산한 농업 생산물에 전적으로 의존하는 시대였다. 생산성의 향상도 크게 기대할 수 없는 형편이었다. 그런 마당에 사람들이 소비의 맛을 알고 화려한 생활을 한다면 나라의 경제는 금방 파탄나고 말 것이다. 만일 거기에 기근이라도 겹친다면 다수의 아사자가 나올 판이며 삶을 지탱하지 못할 사람도 많을 것이다. 그러한 사회 상황을 고려하지 않으면 안 된다.

특히 화폐경제의 혜택으로 사치에 빠지기 쉬운 상인이나 영주들에게 검약이란 너무도 소중한 생활의 지혜였다. 바이간이 검약론을 편 이유는 소비의 향락에 들떠 절약하는 마음을 잃어버린 대부분의 사람들이 엄격한 자기관리를 잊고 금전욕과 색욕에 빠져 사치스런 마음으로 쾌락만 추구하기 십상이라고 우려했기 때문이다. 『제가론』 상권은 바로 여기에 핵심이 있다.

막스 베버는 그의 저서 『프로테스탄티즘의 윤리와 자본주의 정신』에서 서구 근대 자본주의의 초창기에 프로테스탄트의 윤리가 자본주의 정신의 원천이 되었다는 것을 명쾌하게 입증했다. 그런 자본주의 정신의 원점에는 또 벤저민 프랭클린 Benjamin Franklin 의 자서전이 자리하고 있다. 거기에서 프랭클린은 저 유명한 열세 가지의 도덕 덕목을 설명하고 있다. '절제'가 그 첫 번째이며 다섯 번째가 '절약'이다. 절제가 첫째 자리를 차지한 이유에 대해 프랭클린은 다음과 같이 말한다.

오래된 습관이 가지고 있는 그 끊임없는 유혹의 힘에 대해 늘 경계하는 마음을 게을리하지 않으려면 냉정하고 명석한 두뇌를 가져야 한다. 그러기 위해서는 절제의 덕이 필요하다.

바이간의 검약론은 이런 절제의 의미를 포함하는 넓은 개념이다. 프랭클린이 말하는 냉정하고 명석한 두뇌로 자신의 마음을 억제한다는 것, 그리고 막스 베버의 '금욕의 정신'과도 통하는 사상이다.

검약이 집안을 바로 세운다
::

1980년대 일본은 고도 경제성장의 혜택을 한껏 누렸다. '저팬 애즈 넘버원 Japan as Number 1'이라는 말과 함께 잔뜩 호기를 부렸다. 그즈음 '소비는 미덕'이라 주장하는 사람이 많았다. 사회적으로도 자신에게 걸맞지 않는 소비 행동을 보이는 풍조가 만연했다. 그 결과 사람들은 소중한 것을 망각했다. 스스로를 바라보는 엄격한 시선이 그것이다. 소비는 욕망을 자극한다. 그러므로 자신을 조율하는 뭔가를 갖지 못하면 인간을 타락하게 만든다. 나아가서는 가족이라는 유대까지 무너뜨린다. 우리는 그런 사례들을 신문이나 텔레비전의 뉴스를 통해 신물 나도록 접하고 있다.

분명 소비가 있으면 경제가 활성화되며, 경제가 활성화되면 문화가 발전한다. 그러나 소비에 돈을 던져넣는 사람들에게 그것을 조율하는 원칙이 있어야 비로소 그 행위가 사회발전으로 이어진다.

이시다 바이간의 검약론의 지향점도 바로 거기에 있다. "검약이 집안을 바로 세운다."라는 것은 검약하는 마음을 스스로 조율하고 다스리는 데서 집안을 세우는 일이 시작된다는 진리를 말하는 것이다. 옛날부터 '수신제가치국평천하修身齊家治國平天下'라고 했다. 오늘날 흔하디흔한 가족 붕괴도 가족의 중심이어야 할 가장이 스스로를 조율하지 못하는 데서 비롯하는 경우가 많다. 가족 구성원, 특히 가장의 절제와 자기관리가 얼마나 중요한가를 말해준다.

어린 시절에 상가에 들어가 일을 배워 점장^{반토}의 자리까지 올랐던 이시다 바이간은 검약이 무엇을 의미하는지를 몸으로 체험했을 것이다. 고향에서는 농사를 지으며 농작물이 얼마나 고귀한 것인지를 몸으로 느꼈을 것이다. 바이간은 작물을 절약하는 것이 세상을 위한 일임을 깨달았으며, 또한 상가에서는 상인 사회의 경제적 합리주의라는 의미에서 검약정신을 체득했다.

상가에서는 검약을 '시말始末'이라고 한다. 시말이란 '시작과 끝'이란 말로, 시작과 끝을 잘 정리한다는 의미다. 일을 제대로 처리하지 못하면 '시말을 못하게 됐다'며 꾸짖는다. 상인들은 돈의 입출을 엄격히 맞춘다. 들어올 것을 예상해 지출을 억제하고, 수지 계산을 맞춰 앞뒤의 질서를 정연히 하는 것이 상가에서 말하는 '시말'이다. 처음과 끝의 균형이 맞지 않으면 이윤이 생기지 않는다. 상가에서 말하는 '검약'이나 '시말'은 여기서 유래한다. 그러므로 검약이란 단순히 물건을 절약하는 것만을 의미하는 말이 아니다.

검약과 인색은 어떻게 다를까
::

나아가 바이간은 검약이 사욕에서 비롯해서는 안 된다고 했다. 사욕에서 나온 검약은 인색吝嗇일 뿐이다. 인색은 검약과 달리 사회에 해를 입힌다. 인색이란 오늘날 잘 사용되지 않는 말이지만 수전노나 구두쇠라는 말과 통한다. 인색한 사람은 자신만을 생각하여 남에게 폐를 끼친다. 바이간은 사욕에서 비롯하는 검약을 엄하게 비판한다. 그리고 검약이란 정직함에서 비롯하는 것이며 사람을 이롭게 하는 것이라고 설명한다. 또한 검약을 강조하는 것은 오로지 사람들이 태어날 때 가지고 있던 정직함을 되찾게 하려는 데 그 목적이 있다고 말한다.

이러한 사고방식은 어떻게 보면 논리의 비약인 것처럼 보이기도 한다. 그러나 다음과 같은 그의 말은 설득력이 있다.

내가 말하는 검약은 옷이나 재물을 소중히 여기는 것만이 아니라 부정을 저지르지 않고 마음을 올바르게 가지는 것을 뜻한다.

그는 검약이란 물질을 소중히 여김으로써 마음을 청정하게 유지하는 것이라고 말한다. 이런 뉘앙스를 이해하지 않고서는 바이간의 검약론을 이해했다고 할 수 없다. 그 근저에는 그의 인생철

학인 천지자연의 이치에 관한 신념이 함축되어 있다. 천지자연의 이치에 따라 태어난 인간은 본래가 정직하며 한 사람 한 사람이 소우주를 간직한 독립된 존재라는 그의 인간론이 바탕에 깔려 있는 것이다.

그것을 바이간은 이런 말로 표현한다.

천지자연은 본래 백지상태로 때가 묻지 않았다. 그러므로 인간의 본성은 선하며 정직하다.

그러한 인간이 검약을 실천하는 것은 사욕에서가 아니라 세상에서 쓸모없는 것을 줄이려는 공적인 마음의 표현이다. 또한 인간은 독립적인 소우주이기에 다음과 같은 자세로 살아간다.

빌린 것은 돌려주고, 빌려준 것은 돌려받고, 소유와 임차의 관계를 명확히 하여 털끝만큼이라도 사심 없이 자연 그대로 행하는 것이 바로 정직이다.

"진실로 그 마음이 우주의 길에 닿으면 기도를 하지 않아도 신은 깃드나니."라는 스가와라노 미치자네菅原道眞의 시가 있다. 교토대학의 나카니시 데루마사中西輝政 교수는 『국민의 문명사國民の

文明史』에서 "이 시에는 일본인의 종교와 도덕, 인간관, 우주관 모든 것이 드러나 있다."라고 했다. 곧잘 일본인에게는 종교적 심성이 없다고 하든가 신을 믿지 않는 마음이 없다는 말을 한다. 신이란 존재가 인간과 멀리 떨어진 곳에 있는 것이 아니라 자신의 내면에 있다는 뜻이다. 이 시에서 '진실한 마음'을 '정직'이란 말로 바꾼다면, 바이간의 소우주론에서 스가와라노 미치자네 이래의 일본적 종교의 핵심을 느낄 수 있을 것이다.

'소우주'라는 표현에는 인간이란 그 자체로 자기완결성을 가진 독립체이며 서로 평등하게 존재한다는 바이간의 사상이 드러나 있다. 그러므로 "빌린 것은 돌려주고, 빌려준 것은 돌려받고"와 같이 그 소유관계를 명확히 하는 자세를 강조한 것이다. 여기에는 앞에서 말한 상업의 발달과 시장가격의 성립과 함께 일대일의 거래, 경제적 개인주의의 확립이라는 시대적 사회적 배경이 있다.

'성실한 기업' 만들기
::

여기서 말하는 "털끝만큼이라도 사심 없이"라는 것은 무엇을 뜻할까. 시장경제 체제 아래서 자기책임의 원칙에 따라 거래를 하는 데 있어 사심이 없다는 것은 무엇을 말하는가.

이익을 내는 데 관해서는 제5장에서 살펴본 대로, 바이간은 상인에게 이익이란 무사의 봉록과 같은 것이라고 명확히 정의내리고 있기에 사적인 의미란 있을 수 없다. 그렇다면 여기서 말하는 '사심 없이'란 독립체 대 독립체의 거래에서 서로에게 소유관계, 임차관계, 권리관계를 명확히하여 털끝만큼도 사적이지 않도록 공정하고 있는 그대로 마음을 연다는 뜻이 아닐까. 그것을 정직이라는 말로 표현한 것이 아닐까. 그러한 정직에 입각해서 거래가 이루어진다면 그 거래는 공정하고 열린 양태를 띠게 될 것이다. 그럼으로써 세상에 신뢰가 널리 퍼져 서로 화합하고 모든 사람이 형제처럼 지내게 될 것이다.

그런 세계를 만드는 것이 바이간의 꿈이며 이상이었던 것이다. 이 얼마나 웅대한 이상인가. 이런 사상이 쇄국체제를 살았던 일본의 상인철학자에게서 나왔다니 믿기 힘들다. 그 시대에 '세상 모든 사람이 형제처럼'이라는 이상을 추구한 철학자가 있었던 것이다.

1990년대 일본 정부는 글로벌화에 대처하기 위해 세 가지 슬로건을 내걸었다. '프리 free' '페어 fair' '오픈 open'이 그것이다. 지금부터 삼백 년 전, 에도시대 시장경제의 탄생을 눈앞에 두고 이시다 바이간은 똑같은 생각을 했었다. 게다가 그에게는 이상적인 세계 경제의 이미지도 있었다.

CSR이 그리는 것도 아마 그런 세계가 아닐까. 그리고 그때 가장 중요한 것이 기업의 '정직'이며 '성실'일 것이다. CSR에서 다루는 다양한 문제도 필경 그 기업의 사회에 대한 '정직'과 '성실'에 귀결될 것이다.

GE의 전 회장 잭 웰치John Frances Welch Jr는 취임 이래 몇 번의 기업 비리를 경험했다. 그런 사건을 통해 그가 내린 결론은 기업은 반드시 '성실integrity'해야 한다는 것이었다. 그는 그것을 깨달은 이후 기업 행동 지침에 'integrity'를 포함시켜 활기찬 경영을 할 수 있었다.

마츠시타전기의 나카무라 사장은 2002년 '슈퍼 정직 회사'를 내외에 선언했다. 경영자로서는 용기 있고 대담한 행동이었을 뿐 아니라 종업원이나 스테이크홀더에게도 명쾌한 '기준'을 제시하는 행위였다. 그 후 마츠시타전기는 더욱 성실한 기업이 되었다.

경쟁은 인간을 단련하고 기업과 사회를 발전시키는 원동력이다. 그러나 그 전제는 기업이 비즈니스에서는 공정하고 외부에 대해서는 정직해야 한다는 것이다. 결국 CSR이란 '성실한 기업'을 만들고자 하는 이념이다.

이 시 다 　바 이 간 에 게 　배 운 다 　❀❀❀　◇◇◇◇◇◇◇◇◇◇◇

검약과 사랑 8

자신을 위해, 세계를 위해

어떤 사람이 물었다. "어떤 마음 자세로 검약을 실천해야 합니까? 지금 사람들에게 검약을 말하면 돈이나 물건을 아끼는 것이라고 대답합니다. 그렇다면 오로지 돈이나 물건을 사용하지 않으면 되지 않겠습니까?"

답. 검약이란 세상에서 흔히 말하는 것과는 달리 자신을 위해서 돈이나 물건을 사용하지 않는 것을 일컫는 게 아니다. 세 개가 필요할 때 세상을 위해 두 개만 사용해도 되게끔 노력하는 것을 말한다. 그것이야말로 진정한 검약이다.

유교 서적을 보면 이런 말이 있다. "백성은 나라의 근본이다. 근본이 튼튼하면 나라는 평안하다. 그러기 위해서는 백성에게 음식을 충분하게 주어야 한다."

그러므로 명군名君은 백성에게 연공미年貢米를 적게 거둬들여 그들을 풍족하게 한다. 가령 백성에게 세 석씩 거두었던 것을 두 석으로 줄이는 것이다. 그렇게 하면 백성은 다섯 석을 생산해야 살아갈 수 있었던 것을 네 석 반만 생산해도 되거니와 백성의 손에 남는 것도 이전보다 반 석이 많은 두 석 반이다. 그 반 석이 백성을 살찌우는 것이다. 만일 기근이 닥쳐 다섯 석 생산하던 것을 세 석밖에 생산하지 못하더라도 두 석의 연공미를 내고 남은 한 석으로 배고픔을 면할 수 있을 것이다. 그렇게 하면 위아래가 모두 평안하게 되는데 그것이 바로 검약이다. 검약하는 마음가짐으로 재물을 사용한다면 그것은 '인간에 대한 사랑'이 깃들어 있다 할 것이다. 사람을 사랑하려 해도 돈이 없으면 할 수 없는 경우가 많다. 따라서 가정이나 나라를 다스리는 데는 검약이 기본이라 할 것이다.

새로운 합리주의

::

바이간의 검약론은 여러 가지 형태로 표현되고 있다. 앞 장에서는 '검약이란 정직'이었지만 이 장에서는 '검약이란 사랑'이다. '검약과 정직'은 『제가론』에서 나온 것이고, '검약과 사랑'은 『이시다선생어록』에서 인용한 것이다.

바이간은 공식적으로 한 달에 세 번 제자들을 모아 토론모임을 가졌다. 미리 어떤 과제를 주어 논점을 충분히 준비하게 한 다음 토론을 벌였다. 오늘날의 세미나와 같은 것으로 보면 되겠다. 바이간이 세상을 떠난 후 그때 오고갔던 토론 내용을 정리한 것이 『이시다선생어록』이다.

여기에 『제가론』에서와는 다른 새로운 검약론이 등장한다. "세 개가 필요할 때 세상을 위해서 두 개로 줄인다."라는 발상이다. 지 금의 말로 바꾼다면 '합리화'다. 세 개 필요한 것을 두 개로 줄이 기 위해서는 단순히 물자를 절약해 소비를 줄이는 식으로는 안 된다. 두뇌를 적극적으로 활용해 새로운 사고방식을 가져야 가능 한 일이다. 여태까지의 습관에서 벗어난 다른 차원의 발상이 필요 하다. 그것이 바로 합리화다.

바이간은 또 다른 곳에서 "검약의 대의는 무엇인가?"라는 질문 을 받고 다음과 같이 답한다.

오로지 만물의 법칙에 따르는 것일 뿐이다.
－『도비문답』권 2

'만물의 법칙'이란 무엇을 말하는 것일까. 만물의 법칙에 따를 뿐이라는 말은 물질의 존재방식에 따른다는 것이다. 경제적으로 는 물질이 갖고 있는 본성에 적합하게 소비한다는 말이 아닐까. 즉 그 물질의 본성으로 돌아가 필요에 따라 사용하면서 그 밖의 모든 군더더기를 제거한다는 뜻이다. 그야말로 오늘날 우리가 말 하는 합리화가 아닌가.

또한 검약을 하는 목적은 자기 자신을 위해서가 아니라 세상을 위해서다. 여기에 또 '세상을 위하여'라는 새로운 이념이 나온다.

나아가 이 장에서 설명하는 검약은 백성의 검약이 아니라 연공미를 거두는 영주나 군주가 실천해야 할 검약이다. 명군이라 칭송받고 백성에게 사랑받으며 세상을 다스리는 사람은 스스로 검약하여 세 개 필요한 것을 두 개로 줄일 수 있도록 노력해야 한다. 백성에게서 거둬들인 공물의 소비를 줄여 그 남는 부분을 백성에게 돌린다. 그것이 기근을 이길 수 있게 하고 백성을 윤택하게 만든다. 그러므로 군주가 백성에 대해 애정을 가지고 그것을 실행하려면 평소에 검약하는 정신을 가져야 한다. 그런 의미에서의 검약론이다.

동남아시아에 전파된 일본식 경영
::

바이간의 뇌리에는 늘 민중이 있고 그 민중의 평안이 있다. 그런 이상적인 정치를 실현하려는 꿈이 있다. 명군으로 불리는 지도자는 이러한 민중에 대한 애정을 가지고 있다. 그러나 그 애정도 재력이 없으면 실현할 수 없다. 그러므로 군주 자신이 올바른 몸가짐으로 검약해야 한다. 이것이 바이간이 요청하는 군주의 모습이다. 당시의 사회 정세로 보아 군주에 대해 이런 요청을 하는 것은 상인 신분으로는 월권이다. 그러나 바이간은 거침이 없다.

전후 일본 기업들은 동남아시아를 비롯해 세계 각국에 공장을 세웠다. 당시 현지 종업원을 훈련시킬 때 적용한 금과옥조가 있었다. '정리, 정돈, 청소, 청결, 예절' 이다. 이 다섯 가지 항목은 더 설명이 필요 없을 만큼 구체적이다. 그 하나하나를 철저하게 하면 공장이 몰라볼 정도로 달라질 게 틀림없다. 이 다섯 개의 키워드가 일본적 경영의 토대이다. 이러한 말들은 현지에서 일본어 발음 그대로 사용되었다.

이 다섯 개 키워드 가운데 검약이란 말은 없다. 그러나 일본인이 말하는 검약에는 이 다섯 가지 요소들이 내포되어 있다. 에도 시대부터 전해오는 검약의 바탕에는 자신을 다스리는 금욕정신이 깃들어 있다. 그것은 예절에서 시작되었다. 군더더기를 없애려면 반드시 정리, 정돈, 청소, 청결이 필요하기 때문이다.

동남아시아는 모든 나라들이 식민지였기에 일본 기업이 진출했을 때에는 이미 유럽이나 미국의 공장들이 많았다. 유럽계 공장에서는 감독과 일반 종업원은 철저하게 분리되어 식당도 따로 있었다. 그런데 일본의 공장에서는 감독이건 종업원이건 동료처럼 화기애애한 분위기에서 같이 식사를 했다.

일본 기업은 현지 종업원을 동료로 여기고 존중했다. 또한 합리화는 좋은 상품을 만들어내기 위해 필요할 뿐만 아니라 그렇게 할 때 세상이 기뻐하고 국가도 발전하며 노동자 개개인도 행복해질 수 있다고 거듭 현지 종업원에게 주입시켰다. 그것을 이해한 종업원들은 기꺼이 협력했다.

바이간의 '검약과 사랑'의 정신은 일본적 경영의 근간으로 지금도 일본 기업들 안에 살아 숨 쉬고 있다.

이 시 다   바 이 간 에 게   배 운 다

코퍼레이트 거버넌스 9

오만을 경계하라

| 자식을 비롯해 상주 직원이나 통근하는 직원 모두가 주지해야 할 일 |

제1조. 어떤 업무든 중요한 결정을 할 때 주인과 몇몇 사람들끼리만 해서는 안 된다. 책임자 두셋과 의논해서 해결되지 않을 경우는 상주 직원과 통근 직원을 모두 모아놓고 자유롭게 의견을 말하게 해야 한다. 만일 그 자리에서 말하기 어려운 점이 있으면 나중에 투표 형식을 통해서라도 모두가 받아들일 수 있는 방식으로 문제를 해결해야 한다. 그 과정에서 설령 주인이라 하더라도 틀린 것을 옳다 하여 억지로 밀고나가려 한다면 사정 없이 따져 그 옳고 그름을 가려야 한다.

제2조. 자부심을 가지는 것은 당연하고 좋은 일이지만 자신의 분수에 맞지 않게 오만함을 보인다면 주인이건 직원이건 그 잘못을 지적하여 고치게 해야 한다. 오만은 사람을 망치는 근원이므로 반드시 지적해서 고쳐야 한다.

제3조. 주인이 마음 내키는 대로 일을 처리한다든지 주색에 빠진다든지 예의에 벗어나는 행동을 한다면 직원들은 반드시 그것을 지적하여 고치게 해야 한다. 만일 그렇게 해도 고쳐지지 않고 가업이 이어지기 힘들 것이라는 판단이 선다면 그것은 조상님들에 대한 불효이다. 그러므로 직원들끼리 의논하여 은퇴시키고 약간의 생활비만 지급하도록 한다.

상가의 교훈, 가법의 효시

::

　일본의 상가에서 전해오는 가훈이나 가법은 대부분 교호시대亨保時代 이후에 만들어졌다. 겐로쿠 거품경제가 무너지면서 많은 상가들이 도산했다. 그 여파가 심각했을 터이다. 그것을 계기로 많은 상가들이 나름의 가훈을 만들었다. 그런 시대적인 분위기 속에서 당연히 바이간의 학교에서도 가훈은 논의의 대상이 되었다.

　『이시다선생어록』 가운데 상가의 교훈에 해당하는 것이 몇 군데 있다. 이 장의 인용문은 그 가운데서 발췌해 수록한 것이다. 현재 남아 있는 것으로 바이간의 제자인 사이토 젠몬齊藤全門이 만든 '교토 오미야진베에 가사교훈' 이나 스기우라 무네나카杉浦宗

仲가 만든 '스기우라 가杉浦家의 가칙'은 이것을 토대로 하고 있다. 『이시다선생어록』에 나오는 바이간의 사상이 당시 일본 상가의 가훈이나 가법에 지대한 영향을 끼쳤다는 사실을 알 수 있다.

위에 인용한 "자식을 비롯해"라는 문장으로 시작하는 가훈은 모두 10개 조로 이뤄졌는데, 인용 부분은 그 가운데서 '주인에 대한 직언直言'에 해당한다.

여기서도 알 수 있듯 당시 상가는 직원을 중심으로 한 합의제로 운영되었다. 주인 마음대로 의사 결정을 할 수가 없었다. 중요한 안건은 가게에 종사하는 모든 사람의 의견을 모아 결정하되 그래도 안 되면 투표를 하라고 되어 있다. 결론이 나지 않을 때라는 조건이 달려 있긴 하지만 가능한 한 많은 사람들의 의견을 듣고 종합해야 한다고 말한다. 이런 사고방식은 모든 사람이 받아들일 수 있는 경영을 지향했기에 가능한 것이었다. 현장에서 일하는 사람들을 경영에 참여시키는 일본적 경영의 원류를 읽어낼 수 있다.

주인의 '오만'이 실패의 근원
::

그러나 무엇보다도 놀라운 것은 주인에 대한 엄격한 태도이다. 첫 조항에서는 아닌 것을 옳다고 우기는 주인이 있으면 가차없이 그 옳고 그름을 가려야 한다고 적고 있다. '가차없이'라는 엄격한 말이 인상적이다.

또한 다음 조항에서 "오만은 모든 잘못의 근원"이라고 하여 주인에게 오만한 마음이 가득한 경우를 극도로 경계한다. 만일 그런 경향이 나타나면 주인이라고 하더라도 자유롭게 직언을 해 그 태도를 고치도록 의무 지웠다.

그리고 마지막 조항에 이르러서는 더욱 엄격해져서 "주인이 마음 내키는 대로 일을 처리한다든지 주색에 빠진다든지 예의에 벗어나는 행동을 한다면" 직원들의 중의를 모아 모든 수단을 강구하여 고치도록 해야 한다고 말한다. 그래도 주인이 반성하지 않아 가업의 발전에 방해가 된다고 판단되면 직원들의 중의를 모아 주인을 은퇴시키고 약간의 생활비만 주어도 된다고 말한다.

바이간은 '오만한 마음'을 특히 강조해서 지적하는데 이하라 사이가쿠#原西鶴도 『일본영대장日本永代藏』에서 상가가 망하는 가장 큰 원인을 바로 이 '오만한 마음'에 두었다. 이런 자료를 통해 보면 당시의 상가 주인들이 '오만'에 빠지는 경향이 곧잘 있었던 것 같다. 그것은 지금도 통용되는 이야기다. 주인이나 사장 가운데는 혼자 잘나 마음껏 재량권을 휘두르다 본래의 자질을 발휘하지 못하고 폐망의 길로 가는 사람이 있다.

1967년 어느 날, 나는 니혼 빅터로 가라는 전근 명령과 함께 회장의 부름을 받았다. 가을이 한창 무르익은 교토, 저 유명한 마츠시타 고노스케의 다실茶室로 찾아갔다. 회장은 나에게 몇 가지 마음가짐에 대해 말했다. 그리고 마지막을 이런 말로 맺었다.

"히라다, 도요토미 히데요시나 나폴레옹은 백 년에 하나 나올까 말까 한 위대한 인물이었지. 그렇지만 이 두 사람의 말년은 실패로 끝나고 말았지. 왜 그랬다고 생각하는가?"

"모르겠습니다."

"그건 자기 뒤에 두려운 사람이 없었기 때문이네. 그렇게 위대한 인물이라도 두려워하는 마음이 없어지면 실패하고 마는 걸세."

나는 코퍼레이트 거버넌스 이야기를 할 때마다 꼭 이 일화를 인용한다.

자칫하면 주인도 일당 받는 신세
::

위에서 인용한 상가의 가법 제3조를 살펴보자.

주인이 마음 내키는 대로 일을 처리한다든지 주색에 빠진다든지 예의에 벗어나는 행동을 한다면 직원들은 반드시 그것을 지적해 고치게 해야 한다. 만일 그렇게 해도 고쳐지지 않고 가업이 이어지기 힘들 것이라는 판단이 선다면…….

　중의를 모아 의견을 제시해도 말을 듣지 않으면 주인 자리를 박탈하고 '일당' 정도만 지급해도 되었다. 그것을 가법에 명기해둔 것이다. 당시의 상황을 생각해보자. 상가는 주인 개인이 출자한 사업체다. 널리 주식을 공개해 주식회사를 만드는 시대가 아니었다. 도산을 하더라도 그것은 개인의 책임이었다. 창업의 어려움을 생각해봐도 가업은 반드시 핏줄에게 넘겨주고 싶은 게 인지상정이다. 그러나 그것을 떠나서 아주 엄격한 규칙을 만들어두었다.

　에도시대에는 개인보다 가업家業을 더 소중히 여겼다. 개인보다는 집안, 주인보다는 상가商家를 더 중시했다. 물론 건물은 자손 대대로 상속된다. 그러나 상가는 일종의 법인격法人格에 가까운 기업체이고 당주의 개인 소유물이기보다 한 걸음 더 나아간 상위의 어떤 존재였다. 업체의 구성원인 종업원, 오래 거래한 거래처, 단골 고객을 포함한 스테이크홀더는 조상에게서 물려받아 대대로 이어져야 할 상가의 소중한 자산이었다. "개인에게보다 세상에 폐를 끼쳐서는 안 된다."라는 사고방식에는 그러한 스테이크홀더에 대한 책임감이 깔려 있다. 에도시대의 상인에게는 그런 의식이 뿌리깊이 박혀 있었다.

　요즘 시대에는 '회사는 주주의 것'이다. 물론 법률적으로 그렇다는 말이다. 그러나 CSR시대가 되면서 스테이크홀더를 소중히 여기는 분위기가 조성되고 있다.

오늘날 기업은 공개된 주주 자본으로 운영되는 주식회사다. 당주라는 존재와 주주에게서 경영권을 위임받은 사장과는 그 권력의 성격 자체가 하늘과 땅 차이다. 그런 주식회사에서 사장에게 직언하기가 힘들다거나 코퍼레이트 거버넌스Cooperate Governance 가 작용하지 않는다는 의견이 많다. 참으로 기묘한 이야기가 아닌가.

사외이사의 필요성
::

1980년대 미국에서 시작된 코퍼레이트 거버넌스는 사장의 권력 남용에 대해 아무도 직언할 수 없다는 폐단 때문에 생겨났다. 경영자의 횡포에 더는 참을 수 없었던 GM의 사외이사들이 사장을 쫓아내기 위해서 쿠데타를 일으킨 것이다. 가장 큰 문제는 권력을 가진 경영자를 제어할 수 있는 사람이 없고 코퍼레이트 거버넌스가 제 역할을 하지 못한다는 것이었다.

그 후 불상사가 일어날 때마다 사장을 정점으로 하는 집행부에 대해 감독체제를 강화했다. 그러나 그런 시도가 사외이사의 강화라는 방향으로만 움직이고 있는 실정이다. 사장이나 사내의 감사

역에 대한 불신이 전제되어 있다. 그 결과 미국 기업에서는 이사회의 구성 멤버가 거의 사외이사로 바뀌었다.

그러나 일본의 기업은 현물-현장주의이다. 현장의 실태를 정확히 파악해 그것을 이사회에 반영하는 것을 중시한다. 그런 일본의 이사회가 기업의 실무와 관련되지 않는 과반수의 사람들에 의해 움직인다는 것은 결코 정상이라고 할 수 없다. 물론 오늘날의 기업 논리라는 것이 있으니 사외이사에 의한 감독은 반드시 필요하다. 그러나 중요한 것은 경영이며 기업 가치의 증대이다. 감독체제만 강화되고 경영이 악화되어서는 아무 소용이 없다.

일본의 에도시대 상가에서는 사장의 권력을 절대화하지 않기 위해 가법을 정해두었다. 상가는 모두 개인 자본으로 이뤄진 회사다. 게다가 그 시대는 당주가 절대적인 힘을 가진 구조였다. 그런 사회에서 현장 사정에 밝은 종업원들이 모여 주인과 함께 경영을 하면서 주인마저 쫓아낼 수 있는 규율을 만들어 자주적으로 가게를 지켰다. 그것이 일본의 전통이다. 사외이사 같은 존재가 없어도 스스로 엄격한 규율을 만들어 경영자의 권력을 감시했던 것이다.

지속가능성을 유지하는 것은 물론, 다양한 스테이크홀더를 만족시키는 경영을 하기 위해서는 각 기업에 맞는 코퍼레이트 거버넌스를 스스로의 힘으로 만들어내야 한다. 그래서 역사에서 배우는 것이다.

이 시 다　바 이 간 에 게　배 운 다

볼런티어 정신 10

남을 돕는 것이야말로 삶의 보람

우리 주인은 일하는 사람이나 일과 관계없는 사람이나 가리지 않고 쌀을 나누어줍니다. 그러나 아무도 인사를 하러 오는 사람이 없을 뿐 아니라 쌀을 받고서도 딱히 기뻐하는 기색도 없습니다. 그것을 보고 쓸데없는 베풂이라고 말하는 사람도 있고 남에게 베푸는 것은 인사를 받기 위함이 아니니 당연하다고 말하는 사람도 있습니다. 이러한 것을 대체 어떻게 생각해야 할까요?

답. 정말 감동적인 이야기다. 왜냐하면 돈은 천하의 재물이기 때문이다. 재물 한 푼 한 푼이 세상의 물건을 유통시키는 역할을 함과 동시에 사람들을 구제하는 공복 역할도 한다. 그대의 주인은 그런 진리를 깨달은 게 아니겠는가. 그러므로 어려움에 처한 사람에게 도움을 주고, 설령 도움을 받고도 고맙다는 인사를 하는 사람이 없다고 해도 그것을 섭섭하게 생각하지 않는 것이다. 그 마음은 성인聖人의 경지에 이르렀다고 해도 좋을 것이다.

사람이란 신분의 고하에 관계없이 모두 하늘에서 혼魂을 받은 존재이다. 가난한 사람이 굶주리며 고생하다 죽는다는 것은 하늘이 내려준 혼이 끊어짐을 뜻한다. 그러므로 성인은 백성의 생활을 안정시키는 것을 가장 중요한 일로 여긴다. 기근이 들면 굶주린 사람을 구제하기 위해 높은 곳에서 양식을 내려주는데, 그대의 주인도 그런 마음 자세를 가졌다고 할 수 있다. 참으로 소중한 마음가짐이다. 모든 사람이 그런 마음을 가진다면 얼마나 좋겠는가

기근을 구제하는 것도 수행
::

위의 문장은 『도비문답』에 나오는 '어떤 주인의 행장을 묻는 단'에서 따온 것이다. 이 단은 부모에게 재산을 물려받은 주인이 있는데, 그 주인을 모시는 직원이 주인의 행장行狀을 걱정하는 질문과 거기에 대한 바이간의 대답으로 되어 있다. 이 장에서는 그 가운데 '곤궁한 사람에 대한 마음가짐'에 관한 내용을 다룬다.

바이간은 기근이나 재해가 발생하면 제자들과 함께 봉사활동에 나섰다. 이러한 사실은 바이간 사후에 제자들이 그의 생애를 정리한 『이시다선생사적石田先生事蹟』을 통해 전해진다.

1740년 겨울, 교토 지방은 혹독한 흉년이었다. 시중의 쌀 가격이 폭등해 가난한 사람들은 기아에 허덕였다. 바이간은 문하생들과 함께 실상 조사에 나섰다. 그 비참한 상황은 말로 표현하기 힘들 정도였다. 바이간은 문하생들을 불러모았다. 서너 명씩 조를 짜 지역을 돌며 가난한 사람들에게 돈을 나눠주었다. 12월 28일부터 이뤄진 이 자선활동은 교토 지역에서 큰 반향을 불러일으켰고, 새해 정월 2일이 되자 그들을 따라 기부하는 사람들이 나오기 시작했다. 이로써 배고픈 사람들이 조금이나마 어려움에서 벗어날 수 있었다고 한다.

한번은 또 추운 겨울날 한밤중에 교토의 시모오카사키 마을에서 큰 화재가 일어났다. 많은 사람들이 혹독한 추위 속에서 겪을 어려움에 마음이 쓰였던 바이간은 서둘러 문하생들과 함께 주먹밥을 만들어 시모오카사키로 가서 그들에게 나눠주었다.

이런 기록을 보아서도 알 수 있듯 바이간의 도덕론은 그저 말에 그치는 것이 아닌 실천도덕이었다. 기근이 발생하면 쌀과 돈을 걸고 죽을 쑤어 길가에 서서 가난한 사람들에게 나눠주었다. 가게의 주인으로 또는 종업원으로 일하는 상인들로서 그런 활동이 그리 쉬운 일은 아니었을 터이다. 그런 그들이 거리에 서서 봉사하는 모습이 교토 사람들의 마음을 움직였던 것이다.

요코이 쇼난을 감복시킨 바이간 문하생들
::

　바이간의 이러한 사상은 역대 문하의 제자들에게 이어졌다. 후세에 각 지방에서 바이간의 문하생들이 보였던 활동에 대한 평판이 자자했다. 와카야마의 심학수경사心學修敬舍, 히다치 츠쿠바 산의 산기슭에 있는 오다무라의 심학진심사心學盡心舍 등 그 예는 수도 없이 많다. 여기서는 350일간에 걸쳐 구제활동을 편 사례를 살펴보기로 하자.

　구마모토 번의 가로家老 나가오카 고래가타長岡監物의 지시를 받아 여러 번 사회 실정을 시찰했던 요코이 쇼난横井小楠의 편지 속에 나오는 이야기다.

　메이지유신 18년 전인 1850년의 일이다. 주고쿠 지역 일대가 풍수해를 입자 엄청난 수의 사람들이 먹을 것을 찾아 교토와 오사카 지역으로 흘러들었다.

　요코이 쇼난이 오사카에 도착해보니 지방 관리들이 막부에 올린 보고서에 고작 200명이라고 한 아사자餓死者 수가 실상은 1,000명에 달했다. 그런데 교토에 가보니 구제활동이 잘 이루어지고 있는 것이 아닌가. 그것을 보고 쇼난은 깊은 감명을 받는다. 그때의 일을 쇼난은 다음과 같이 적고 있다.

오사카는 아직 구제활동을 벌이지 않고 있으나 교토에서는 11월부터 구제활동을 벌여왔다. 그것은 심학강사心學講師 사람들의 적극적인 구제활동으로 시작되었다. 그들은 교토 관청에서 쌀 500석과 은 25관을 지원받는 한편 교토의 호상들에게 호소하여 총 1만 량의 금을 모았다. 그리고 세 군데에 시행소를 차려 공정하게 예산을 분배하여 활동을 벌인 결과 교토에서는 한 사람의 아사자도 나오지 않았다.

교토에는 이름난 학자도 많지만 아무도 그런 훌륭한 생각을 하지 못하고 그저 심학강사가 실천하는 것을 멍하니 지켜만 보았다. 참으로 한심한 일이다.

그것을 뒷받침하는 근거 자료가 있다. 심학자心學者들은 자연재해로 굶어죽는 사람이 나오리라 예상하여 1850년 9월에 봉사활동 계획을 세우고 교유소敎諭所와 심학강사 아홉 군데가 분담하여 제각기 담당 구역을 정하고 거기에 맞게 인원을 배치한 다음 쌀을 분배했다. 우선 하루에 1만 5,000명씩 19일분의 시행미 259석을 마련해 만반의 준비를 갖춘 다음, 같은 해 11월 2일부터 봉사활동에 들어갔다.

이 소식을 들은 관청은 심학 9사의 공을 높이 평가해 표창함과 동시에 쌀 250석, 은 25관을 내어 그들의 사업을 도왔다. 그 결과

관민 합동의 구제사업이 벌어지게 되었다. 이런 사실이 다시 교토 시내의 호상들을 자극했다. 그들은 질세라 자금을 내놓았고, 이로써 금 1만 량이 넘는 대규모 구제사업의 바탕이 마련되었다.

이렇게 해서 1만 6,000명을 350일 가까이 먹여 살린, 전례를 찾아볼 수 없는 대대적인 구제활동이 이뤄졌다. 이시가와 겐石川謙著 『이시다 바이간과 도비문답』

이러한 사례를 보아도 이시다 바이간과 그 문하생들이 석문심학의 진수를 그냥 책상에서만 공부한 게 아니라 실천을 통해 공부했음을 알 수 있다. 특히 이 에피소드가 알려주는 핵심 사상은 천재나 기근에 대비한 이머전시 플랜emergency plan, 위기계획 또는 비상대책을 심학강사 사람들이 대대로 이어받았다는 것이다.

돈은 세상 사람들을 돕는 공복
::

바이간은 한 사람 한 사람을 하늘의 자식으로 보았다. 인간을 영적인 존재로 본 것이다. 거기에는 귀천의 차별이 있을 수 없다. 천한 사람일지라도 굶어죽게 하는 것은 하늘의 영靈을 끊어버리는 것과 같다. 바이간에게는 한 사람 한 사람이 그런 존재였다. 모든 사람이 고귀하다는 인권사상이고, 하늘 앞에 귀천이 따로 없다는 평등의 정신이다. 미국의 독립선언, 프랑스혁명이 일어나기 40~50년 전의 이야기다.

바이간은 또한 "돈이란 세상 사람들을 돕는 공복公僕"이라고 했다. 돈을 개인의 재물이라 생각하는 것이 아니라 '천하의 재물'이라 여기는 사상이다. 물론 개인의 재물이기도 하면서 '천하의 재물'로서 그 역할을 가진다는 것이다. 그러므로 하늘의 자식이 배고파 죽는 사태가 벌어지면 하늘의 부름을 받은 공복인 돈은 그 기능을 발휘해야 한다. 이 얼마나 신선한 사상인가.

한 사람 한 사람이 똑같이 세상을 나눠가지며 또한 서로를 돕는 관리이다.

이것이 바이간의 사상이다. 나는 분명 나다. 그러나 비상사태가 일어나면 세상을 돕는 관리의 역할을 해야 한다.

서구 사람들은 봉사정신이 뛰어나다고 정평이 나 있다. 그런 의식의 배후에는 신神이란 존재가 있다. 그러나 바이간은 돈 속에서 공적인 의미를 발견하고 그것의 공적인 기능을 보았다. 그리고 인간을 하늘의 영을 이어받은 존재로 여겼으며 그 생명의 고귀함을 보았다. 그러기에 "물질을 베푸는 것은 감사를 받기 위함이 아니다."라고 말할 수 있는 것이다.

그것이 천지자연의 이치에 합치하는 것이라고 말한다. 그렇게 세상이 돌아간다면 세상 사람들은 화합하고 모두가 형제자매가 돼 태평천하가 찾아올 것이다. 그것이 바이간이 이상으로 삼는 세계이다.

사람들은 바이간의 이런 생각이 그저 꿈일 뿐이라고 말할지 모른다. 그러나 이런 이상을 가진 바이간에게 상가의 주인과 종업원들이 수도 없이 모여들었고, 사상의 보급을 위해 전국에 180개나 되는 학교가 세워졌다. 적어도 이러한 사상의 세례를 받은 상인들이 에도시대에 장사를 하고 있었다는 것만은 부정할 수 없다.

최근 일본에서도 봉사정신에 넘치는 사람들이 늘어났다. 특히 젊은 사람들 사이에서 늘어난다는 것은 참으로 기쁜 일이다. 고베나 니가타에 지진이 일어나자 젊은이들이 앞다퉈 현장으로 달려가 피해자들을 도왔다. 그런 모습을 보면 미래가 밝다는 생각이 든다. 공적인 것에 눈을 뜨고 어려움에 빠진 타인을 돕는 행위에 삶의 보람을 느끼는 그 사람들의 밝은 미소를 볼 때 그 사회의 미래는 밝다고 할 것이다. 최근 세계적으로 '무사도'에서 뭔가를 찾으려는 움직임이 눈에 띈다. 또한 CSR의 세계적인 움직임도 있다. 이러한 흐름에서 물질 본위의 세계, 합리주의, 시장주의에 기울어진 세계의 한계를 느끼고 다른 길을 모색하려는 인류의 의지를 읽을 수 있다.

지구환경 시대를 맞아 인류가 운명공동체로서 공존하기 위해서는 지금까지와는 다른 어떤 정신이 필요하다. 타인의 존재를 소중히 여기고 스스로의 정신력으로 자신을 조율하고 타인을 배려하는 자세가 필요한 시대이다. 그런 새로운 시대를 맞아 바이간의 철학 속에는 우리가 배워야 할 보석들이 너무도 많다.

이 시 다   바 이 간 에 게   배 운 다

자득과 독창 11

부딪쳐 스스로 새로운 것을 체득하라

어느 날 스승 오구리 료운이 물었다. "자네는 무슨 목적으로 학문을 배우는가?" 나는 대답했다. "나보다 못한 사람들에게 오상오륜의 길을 가르치기 위해서 학문을 배웁니다."

스승이 말했다. "도道란 도심道心이라 하여 인의예지신仁義禮智信을 갖춘 마음을 말한다. 공자의 말에 '옛것을 음미하여 새로운 것을 안다' 라는 말이 있다. 옛것이란 스승에게 배우는 내용이다. 그러나 새로운 것은 스스로 자신의 마음에서 찾아내는 것이다. 스스로 마음으로 얻은 후에는 배우는 것이 자신에게 속하므로 사람을 대할 때 무엇에도 걸림이 없는 자유로운 태도를 보인다. 이 경지에 이르러야 비로소 사람을 가르치는 스승이 될 수 있다. 그런데 자네는 마음으로 얻은 것이 없어 스스로 미망에 빠져 있는데 어떻게 사람을 가르친다는 말인가. 다른 사람들마저 미망에 빠뜨리고 싶은 것인가. 마음이야말로 자기의 주인이다. 마음이 자기의 주인이라는 것을 모르는 사람은 집 없이 떠도는 부랑자와 같다. 자신의 집도 없으면서 사람을 구할 수 있을지 참으로 의심스럽다."

그 말에 반론을 펴고 싶었지만 마치 계란으로 바위를 치는 격이라 아무 말도 할 수 없었다. 나는 멍하니 앉아 내가 품었던 생각을 반성反省하기 시작했다. 스승의 말씀은 한 치도 어긋남이 없는 진리였다.

스승 오구리 료운과의 만남

::

『도비문답』 권 1의 첫 장이 '도비문답의 단'이다.

도비문답이란 도시 사람과 시골 사람이 문답 형태로 논의를 펼쳤다 해서 붙은 이름이다. 시골에서 상경한 어떤 사람이 한 학자를 만났다. 그 학자는 정통 학문을 배우지 않은 상인이 느닷없이 간판을 내걸고 학문을 가르치려는 바이간에 대해 통렬한 비판을 가했다. 그것을 들은 시골 사람이 흥분을 감추지 못하고 도시 사람인 바이간에게 따져 묻는다. 그렇게 도비문답은 시작된다.

바이간은 이렇게 말한다.

나에 대한 충고와 사려 깊은 말에 감사드립니다. 그렇다면 내가 학문을 가르치려는 뜻이 어디에 있는지 말씀드리지요. (중략) 사람의 길을 가르치는 것이 내가 학문을 하는 목적입니다.

이것이 '도비문답의 단'이다.

바이간은 구로야나기 가에서 일을 할 때도 '사람의 사람다운 길'을 추구하여 나름대로 그 진리를 얻었다고 생각했다. 그런데 어느 날 바이간에게 회의가 찾아온다. 그래서 일 년 반 정도 가르침을 구하러 여러 사람을 찾아다닌다. 답을 구하지 못하고 고뇌하고 있을 때 은거하고 있는 스승을 만난다. 그가 바로 바이간의 유일한 스승이었던 오구리 료운小栗了雲이다. 그 만남에서 나눈 대화가 위에 인용한 문장이다.

이 문장을 든 이유는 바이간의 철학적 특징이 기존의 학문이나 사상의 권위를 통해 성립된 것이 아니라 스스로 깨달은 독창적인 것임을 말하기 위해서다. 스스로 깨닫고 이루는 것이 얼마나 소중한가를 처음 만나서 유일한 스승으로 모신 오구리 료운에게 배웠다.

바이간은 신도에서 출발해 불교를 배우고 유학을 공부했다. 그러나 그 모든 것은 '사람의 사람다운 길'을 배우기 위한 수단에 지나지 않았다. 바이간은 그러한 가르침을 '인간의 길'을 배우기 위한 '도기구사磨種'라 했다. 그는 유학을 배우면서도 당시 권위 있는 유학자들처럼 옛 성인의 말에 사로잡힌 훈고학으로 빠지는 것을 경계했다. '사람의 길이란 무엇인가'를 스스로 깨닫기 위해서 신도, 불교, 유학의 가르침을 깊이 새겼다. 다시 말해 새로운 것을 창조하기 위해 옛것을 배우고 닦았던 것이다.

중요한 것은 '사람의 길', 즉 '윤리'이며, 그것을 스스로 체득하고 마음으로 얻는 것이다. 학문은 '사람의 길'을 추구하는 데서 출발한다. 신도, 불교, 유학도 마찬가지다. 그러나 어느새 그 본질에서 벗어나 학문 자체가 목적이 되고 말았다. 그것도 자신의 마음으로 체득하지 못한 껍질만 전해졌다.

『이시다선생사적』에 따르면 죽음을 앞에 둔 오구리 료운이 몸소 책에 주를 달아 바이간에게 주려 하자 바이간은 그것을 거절했다. 당시 스승이 스스로 주를 단 책을 준다는 것은 자신의 가장 소중한 비전秘傳을 제자에게 전수하는 것과 같은 행위였다.

스승은 바이간에게 어째서 받으려 하지 않는지 물었다. 바이간은 "어떤 일에 부딪쳤을 때 저 스스로 새롭게 해석하고 싶습니다. 스스로 새롭게 생각하면서 주를 달고 싶습니다."라고 대답했다.

그 대답을 듣고 다른 사람들은 깜짝 놀랐다. 왜냐하면 당시에는 스승에게 거역하는 것은 곧 파문이었기 때문이다. 그러나 그 말을 듣고 료운은 오히려 크게 칭찬했다고 한다. 그 스승에 그 제자다. 스승의 사상을 고려해서 자신의 판단을 구속하는 것은 료운의 사상에 맞지 않았다. 자주성, 자발성을 중시하는 바이간의 사상은 스승에게서 전수받은 것이었다.

논어를 모르는 논어 전문가
::

도비문답에 다음과 같은 문장이 있다.

나의 성性을 알고 난 후 맹자의 성선性善이 옳은가 그른가를 생각해야 한다. 성선설이 옳으냐 그르냐는 자신에게 비추어보고 난 후에 논의할 일이다. - '성리문답의 단'

바이간은 기본적으로는 맹자의 성선설을 지지했다. 그러나 성선설이 옳은지 그른지는 자신에게 비추어보고 판단해야 하며, 성선설을 관념으로 받아들이기 전에 스스로 합당한 논리적인 줄기를 세운 다음에 논의해야 한다고 말한다. 그는 '맹자가 한 말이니까 옳다'는 식의 태도를 경계했다.
같은 단에 또 이런 말도 있다.

스스로 깨닫지 못하고 어찌 도를 말할 수 있는가. 깨닫지 않고 도를 말함은 취중에 꿈꾸듯 말하는 것과 같아 세상을 현혹시키는 일이니 참으로 통탄할 노릇이다.

공자, 맹자가 말하는 성인의 길이라고 해서 스스로 체득하지 못한 상태에서 무작정 말해서는 안 된다. 술에 취해 꿈을 꾸듯 세상을 현혹하는 유학자들이 있는데 도저히 용납할 수 없는 일이라는 것이다.

당시 학자들에 대한 엄중한 비판이다. 연구에 몰두하는 학자는 관념으로 흐르기 쉽고, 굳게 확립된 스승의 권위에 의지해 자신의 학설을 세운다. 그리고 진정한 이해나 깨달음 없이 그냥 물려받은 학문을 가르친다. 그런 풍조에 대한 경고이며 개탄이다. 또한 문자만 읽을 수 있으면 훌륭한 학자로 존경받는 풍조와 깊이 없는 학자에 대해서도 다음과 같이 비판한다.

어디에 어떤 구절이 있는지 열심히 읽고 익혀서 가르칠 뿐이라면 그를 학자라 할 수 없다. 만일 성현의 뜻을 모른 채 가르치는 학자가 있다면 그는 천박한 유생儒生이며 지식을 저장하는 상자에 지나지 않는다.

– '한슈 사람이 학문에 대해 묻는 단'

그 학자는 덕을 성취하는 학문을 하는 게 아니라 그냥 문자로 재주를 피우는 사람일 따름이다. (중략) 문자를 많이 아는 것은 일종의 기술이므로 문자 기술자라 할 것이다. (중략) 그대가 말하는 학자는 부모에게는 불행을 가져다주고 남에게는 거짓을 말한다. 이 모두가 불인不仁이다. 문자만을 알기에 문자 기술자라 하는 것이다.

— '학자의 행장을 이해하기 어려움을 묻는 단'

바이간은 정통 학문을 배우지 않았기에 거기에 대해 열등감이 있었을지 모른다. 그는 사람의 길을 깨닫지 못하고 덕을 갖추지 못한 채 문자를 익혀 그것으로 쌓은 지식만을 가지고 학자 행세를 하는 사람에 대해서 엄하게 비판했다.

실천하지 않으면 현인이 아니다
::

바이간은 자기뿐만 아니라 제자들에게도 엄격한 '사람의 길'을 실천하도록 요구했다. 위에서 인용한 문장에 이어 "그렇다면 마음을 깨달으면 곧 현인이라 할 수 있는가?"라는 질문이 나온다. 이에 대해 바이간은 "아니다. 실천하지 않으면 현인賢人이라 할 수 없다."라고 대답한다. 실천이 뒷받침될 때 비로소 그 깨달음이 의미를 가질 수 있다는 엄격한 기준을 제시했다.

메이지유신 이후 일본 정부는 서양의 학문을 적극적으로 수용했다. 학문 분야마다 권위 있는 서양 사상가의 학설들이 무작정 도입되었다. 그 결과 스스로 깨닫지 않고 지식으로 권위를 세우고 지식을 기억하는 것이 곧 학문이라는 잘못된 사고방식이 생겨났다. 전쟁 시기부터 전후 시대에 걸쳐 '흉내를 잘 내는 일본인'이라는 이미지가 형성됐는데, 메이지 문화 도입의 습성에서 비롯한 것이 아닐까 싶다.

전후의 어려운 환경 속에서 일본인은 독창성을 회복했다. 그러나 1990년대에 거품경제가 무너진 후 글로벌 경제의 파도를 타지 못하면서 자신감을 잃고 말았다. 한편 세계화된 시장주의 경제는 일본에 대해 많은 요구를 했다. 여기서 핵심은 메이지 시대의 문화 도입의 습성으로 돌아가지 말아야 한다는 것이다. 권위에 눈멀지 않고 스스로 생각하여 자신에게 맞는 것을 적절히 받아들여야 한다.

바이간은 학자로서의 소양도 그리 대단하지 않았고 연구할 시간도 많지 않았다. 그럼에도 오늘날 세계적으로 통용되는 중요한 철학을 확립했다. 그것은 타협을 허용하지 않는 자주정신과 독창정신이 있었기에 가능한 일이었다.

마츠시타정경숙의 교육 방침

::

마츠시타 고노스케는 만년에 '일본의 정치가 이대로 가서는 안 된다'는 절실한 생각을 하게 된다. 그러나 그때까지 경제인이 정치가 양성에 나서서 성공한 예는 없었다. 고노스케 본인도 그것을 잘 알고 있었다. 그러기에 정치가를 양성해야겠다는 생각을 하면서도 감히 구체적인 행동에 나서질 못했다. 그러나 마침내 1979년 주위의 반대를 무릅쓰고 사재 70억 엔을 투입해 마츠시타정경숙松下政經塾을 설립했다. 그의 나이 85세 때의 일이었다.

그때 정한 교육 방침이 '자습, 자득'과 '현지-현장주의'였다. 미국의 정치가 양성 대학원의 예를 들어 일류 교수진을 갖추어야 한다고 조언하는 사람이 많았다. 그러나 마츠시타정경숙의 책임자는 상근 교수직을 두지 않는다는 대담한 방침을 세웠다. 그 대신 왜 '자습, 자득'이어야 하는지를 입학한 학생들에게 체험을 통해 철저하게 가르쳤다.

'자습, 자득'의 기본은 본인의 자발적 태도와 '열정적인 뜻'이라고 역설했다. 스스로 구하고 스스로 의견을 내서 갈고닦도록 가르쳤다. 학생들은 3년간 '자득'과 '현장·현물'을 배우고 실천하면서 '독창성'을 몸으로 익힌다.

그렇게 하여 이시다 바이간, 마츠시타 고노스케로 이어지는 사

상의 줄기가 지금의 일본 정치를 움직이는 새로운 조류를 이루게
된 것이다.

이 시 다 바 이 간 에 게 배 운 다

근면 12

몸을 돌보지 않을 만큼 열중할 수 있는 일

당신이 말하는 실천이란 세상의 모든 예를 몸에 익혀 절도 있는 생활을 하라는 것 아닙니까? 그렇다면 우리 농민에게는 불가능한 일입니다. 당신을 비판하는 학자가 말하듯 배우지 못한 사람은 도저히 할 수 없는 일입니다.

답. 아니, 그렇지 않습니다. (중략) 나는 마음을 스스로 얻는 것만으로는 아무런 소용이 없고, 그렇게 얻은 것을 실천하는 것이 중요하다고 말하는 것입니다. 그 '실천'에 대해 당신도 충분히 알아들을 수 있게 설명하지요.

'실천'이란 것은 가령 농부라면 해가 뜨기 전에 논밭으로 나가 저녁에 별을 보고 돌아오는 일입니다. 농부는 스스로 솔선해서 일을 하면서 사람을 부립니다. 그래서 봄에는 밭을 갈고 여름이면 풀을 뽑고 가을에 추수를 하기까지 논밭에서 낟알 하나라도 더 수확할 수 있도록 세심한 배려를 잊지 않습니다. 연공이 부족하지 않도록 하고, 나아가 여유를 만들어 부모님의 의식衣食을 충족하게 하고 즐겁고 편안하게 살아가도록 가족을 돌보는 모든 일에 마음을 쓰며 노력합니다. 그러한 자세가 '실천'인 것입니다. 그렇게 하면 육체적으로는 힘들지만 마음에 사념이 없어지므로 안락해집니다. 만일 무절제하게 생활하다가 연공이라도 부족해진다면 마음이 고통스러워지는 법입니다.

내가 말하려는 것은 우선 사람의 길을 마음으로 깨달은 다음, 몸을 돌보지 않고 근면하게 자기 일을 하면 굳이 당당한 태도와 예를 갖추지 않더라도 저절로 인간적인 위엄이 갖추어지고 마음이 편해진다는 것입니다. 아무런 걱정도 할 필요가 없게 되지요.

'마음의 안락'을 위한 근면
::

위의 문장은 앞장에서 인용한 '도비문답의 단' 뒷부분에 나온다.

앞에서 바이간은 '마음을 아는 것'이 학문의 시작이되 그것만으로는 부족하며 그것을 스스로 깨달은 다음에는 실천하는 것이 무엇보다 중요하다고 했다. 그 말을 듣고 농부가 그 실천이라는 것이 마음에 걸려 묻는다. 자신처럼 배움이 없는 사람에게도 가능한 일이냐고. 거기에 대한 바이간의 대답이다.

여기서 그는 농가農家의 예를 들어 설명하고 있다. 거기에 따르면 아침이면 해 뜨기 전에 집을 나서서 저녁에 별을 보고 돌아온다. 1년 365일 일만 하는 생활이다. 그것이 바로 실천이라는 것이다. 요즘 식으로 생각하면 즐거움이라곤 없는 생활인 셈이다.

그러나 바이간은 그런 가운데서도 '안락安樂'을 찾아낸다. 그것은 마음의 '안락'이다. 몸은 힘들지만 사념이 일어나지 않으므로 누릴 수 있는 마음의 안락이다. 그러면 사념이 없어지고 세상에 대해 당당할 수 있으며 가족에게는 평안을 줄 수 있다. 그런 마음의 안락을 무엇보다 소중히 여겼다. 그 '안락'의 소중함을 가르치기 위해서 '사람의 길'을 학문으로 만든 것이다.

이토요카도의 창업자인 이토 마사도시伊藤雅俊 명예회장의 저서 가운데 『장사하는 마음商いのこころ』이란 것이 있다. 고객만족의 정신이나 기업의 사회성에 대한 생각 등 모든 점에서 이시다 바이간의 철학을 계승한 것이라 할 수 있는데, 거기에 이런 문장이 나온다.

고객을 상대로 하는 장사가 얼마나 힘든지는 새삼 말할 필요도 없습니다. 그러나 고객에게 성심성의를 다해 인정을 받으면 아무런 거리낌도 없어집니다. 비굴하게 마음에도 없는 말을 하거나 아부 섞인 말을 하지 않아도 먹고 살 수 있지요. 어머니와 형은 내게 장사의 어려움을 몸으로 가르쳐주었을 뿐 아니라 장사가 얼마나 멋진 일인지, 장사가 얼마나 고마운 것인지도 가르쳐주었습니다. 고된 노동 속에서도 누릴 수 있는 정신적으로 자립한 자유인의 삶의 방식이라 생각합니다.

바로 여기에 장사의 기쁨이 있다. '사람의 길'과 마음의 '안락'에 기초한 '장사하는 마음'이다.

그러나 이 마음의 '안락'을 얻기 위해서는 '근면한 노동'이 전제되어야 한다. 당시는 현재와 비교가 안 될 만큼 생활수준이 낮아 생활의 여유가 없었다. 지금 같아서는 별것도 아닌 자연재해에도 기아의 공포에 떨어야 했다. 농가의 생활은 특히 그랬다. 그래서 근면하게 시간을 들여 열심히 일해야 했다. 조금이라도 더 여유분을 만들어야 연공미를 내고 가족을 돌볼 수 있었다.

당시 사회 환경에서는 그렇게 하지 않고서는 살아갈 수 없었다. 그러므로 마음의 '안락'을 가져다주는 '근면勤勉'은 절대적인 것이었다.

그러나 근면만으로는 부족했다. 그것을 보충하기 위해서 다음으로 필요한 것이 '검약儉約'과 '시말始末'이었다. 바이간은 검약에 대해 여러 저작에서 거듭 언급하고 있다. 근면과 검약이 결합되었을 때 비로소 조금이나마 여유를 만들 수 있다. 그것이 바로 그가 말하는 '부富'다.

근면과 검약으로 만들어낸 부富에 더하여 필요한 것이 '사람의 길'을 깨닫는 것이며 도덕심이다. 이 세 가지를 갖추었을 때 비로소 '안락'이 성립한다.

당시의 사회적 시스템으로 보아 가장 힘든 생활을 했던 계층이 바로 농민이었다. 그 농민들의 삶 속에서도 그는 '안락'을 찾으려 했던 것이다.

막스 베버의 프로테스탄티즘 윤리와 '심학'
::

앞에서 말했듯이 막스 베버는 『프로테스탄티즘의 윤리와 자본주의 정신』에서 벤저민 프랭클린을 프로테스탄트 윤리에 기초한 자본주의 정신을 가진 사람이라고 높이 평가했다.

프랭클린은 미국 독립선언서를 기초한 사상가일 뿐만 아니라 실업가로서도 크게 성공한 사람이었다. 그러므로 막스 베버가 볼 때 그는 프로테스탄트 윤리를 자본주의 정신으로 고양시킨 귀중하고도 살아 있는 증인이었다. 제7장 '검약과 정직'에서 그의 자서전에 나오는 열세 가지 덕 가운데 절제와 절약을 들어 설명한 것도 그런 이유에서다.

베버는 자서전에서 프랭클린의 『젊은 상인에게 보내는 충고*An Advice to a Young Tradesman* 』라는 저술을 예로 들고 있다. 이 책은 프랭클린이 젊은 상인들에게 여러 가지 윤리 항목을 들어 그 실천을 권하는 내용을 담고 있다. 그 가운데서도 가장 핵심적인 것이 근면 industry과 검약frugality이다. 그 말미에 다음과 같은 인상 깊은 문장이 나온다.

> 요컨대 부자에 이르는 길은 그대가 구하기만 한다면 상거래와 마찬가지로 명확히 드러난다. 그것은 주로 근면과 검약, 이 두 가지에 달려 있다. 다시 말해 시간과 화폐를 낭비하지 말고 가능한 한 철저하게 활용하라. 근면과 검약이 없으면 그 무엇도 아무 소용이 없고, 그게 갖추어지면 모든 게 잘 풀릴 것이다. 정직하게 얻을 수 있는 것은 모두 손에 넣고, 손에 들어온 것을 아끼는 사람은 반드시 부자가 될 것이다.

서구 근대 자본주의의 창설 시기에 그 문명을 일으킨 정신적 배경에 프로테스탄트 윤리가 있었다는 막스 베버의 이 같은 학설은 획기적인 것이었다. 윤리를 기반으로 한 자본주의 정신 가운데서도 가장 중요한 것이 근면과 검약이다.

한편 일본의 자본주의 창설 시기에 이시다 바이간은 '근면'과 '검약'과 '사람의 길'의 조화를 내세워 그것을 학문의 기본으로 삼았다. 낡은 체제를 무너뜨리고 새로운 경제체제를 확립하는 데 결정적인 역할을 했던 에토스의 원점이 대양을 사이에 두고 서구와 일본에서 멋진 대응을 이루고 있었다.

베버 학설의 핵심은 그 모습을 갖추기 시작한 자본주의 정신의 원천에 프로테스탄티즘이 있었음을 발견한 데 있다. 그렇다면 그 프로테스탄티즘에 해당하는 것이 바이간에게는 무엇이었을까. 석문심학이 바로 거기에 해당하는 것이 아닐까. 나는 그렇게 생각한다.

야마모토 시치헤가 꿰뚫어본 일본인의 '본심'
::

지금까지 살펴본 이시다 바이간의 저술에는 마음에 관한 게 많이 나온다. 그러나 이 책은 '상도商道'의 관점에서 이시다 바이간을 다루기 때문에 '심학心學'에 관해서는 깊이 들어가지 않았다.

바이간 '심학'의 중심 개념 가운데 '성性'이란 것이 있다. 이것은 인간의 본성이라든지 인간성이란 말로 바꾸어 생각할 수도 있는 개념이다. '마음이 마땅히 그러해야 할 모습'이라고 풀어서 이해해도 좋을 것 같다. '마음을 다하여 성을 아는 것'이 심학수행心學修行의 하나의 도달점이다.

우주는 인간의 지혜로는 도저히 가늠하기 힘든 섭리에 따라 움직인다. 인간은 그 자연의 섭리에 따라 태어난 '하늘의 자식'이다. 인간의 궁극적인 목적은 성 또는 천명에 따라 살아가는 것인데, 천명에 따르기 위해서는 자신의 마음을 하늘에 합치시켜야 한다. 이러한 합치가 이루어질 때의 마음이 성인데, 거울처럼 한 점 티끌도 없이 정직하고 공평무사한 맑은 마음이다. 이것을 바이간의 제자인 데지마 도안은 자신의 시대에 이르러 '본심本心'이란 말로 표현했다.

다음 문장은 야마모토 시치헤山本七平가 쓴 『일본 자본주의 정신日本資本主義精神』에서 인용한 것이다. 바이간의 '성性', 즉 '본심本心'을 잘 설명하고 있다.

'본심'을 신뢰하지 않는 일본인은 없을 것이다. '자네 본심이 뭔가?' '자네의 본심에서 하는 말인가?' '본심은 악하지 않다' '본심대로 하면 된다' 등의 표현을 당연한 진리인 듯 사용한다. 그러나 도대체 '본심'이란 무엇인가, 정말로 존재하는 것인가를 묻는다면 뭐라고 할까? 그것의 존재를 증명하고 그 내용을 명확히 설명할 수 있는 사람은 아마 없을 것이다. 그렇다면 이것은 일본인의 공통 신앙이며 이러한 신앙을 갖지 않은 사람은 사회 속에 받아들이지 않는다는 것을 뜻한다. '본심에 대고 물어봐' '나한테 본심 같은 건 없어'라고 말하면 사회는 절대로 그 사람을 신용하지 않는다. 일본의 사회질서는 각자가 '본심'을 가지고 있다는 전제에서 성립하기 때문이다.

그렇다면 신神을 전제로 한 사회에 '신학神學'이 있듯 본심本心을 전제로 한 사회에 '본심의 학', 즉 '심학心學'이 있는 건 당연하다. 그렇다면 '심학'이란 무엇을 배우는 학문일까? 간단히 말하면 본심 그대로 살아가는 방법을 배우는 학문이다.

야마모토 시치헤가 이 책을 쓴 지도 꽤 많은 세월이 흘렀다. 최근에 부모를 살해하는 자식이 나타나는 사회현상을 보면 일본인 모두가 '본심'을 이해하고 있다고는 도저히 생각할 수 없는 노릇이다. 그러나 큰 줄기로 본다면 야마모토의 논리는 적절하게 '심학'의 종교성을 갈파한 것이다. 신을 믿지 않는 일본인이지만 이렇게 나름의 신을 내면에 간직하고 있는 것이다.

천명에 따르면 복 받는다
::

좋은 상품을 제공하고 서비스도 잘하고 경영 합리화와 절약으로 만족할 만한 가격을 설정한다면, 고객은 귀한 돈을 기꺼이 지불하면서 행복해할 것이다. 그때 사는 측과 파는 측의 마음이 통한다. 그리고 거기서 서로의 마음에 안락이 생겨난다. 이런 것이 바로 바이간이 말하는 상거래다.

이렇게 생겨난 마음의 안락, 그리고 이익이 있다면 그것은 참으로 정당한 부富이다. 바이간은 그것을 "천명에 따르면 복을 받는다."라는 말로 표현했다.

이렇게 세상은 돌고 돈다. 그것이 천지자연의 흐름이다. 이런 태도로 사회에 참여하고 자연의 섭리에 따를 때 사회가 발전되는 것이고 자손이 번성하는 것이다. 이러한 가치관이야말로 마음의 지주支柱가 된다. 바이간은 상인들에게 그러한 마음의 지주를 제공하고 용기를 주었다. 프로테스탄트 신학이 신에서 그것을 찾았듯이 심학은 성에서 마음을 기댈 근거를 찾았다. 바이간의 심학과 프로테스탄트 신학이 서로 통하는 것 같다는 느낌을 지울 수 없는 대목이다.

일본에서 근면을 부활시킨 결정타
::

일본인이 근면하다는 것은 널리 알려진 사실이다. 그런데 1980년대 일본의 경제력이 세계적 수준으로 올라선 이후로 일본인의 근면성에 찬물을 끼얹는 발언들이 많아졌다. 그 원천은 일본인이 너무도 근면해서 도저히 경쟁할 수 없다는 유럽의 푸념에서 시작되었다.

유럽이 푸념을 하자 맞장구를 잘 치기로 소문난 일본의 저널리즘이 발 벗고 나섰다. 그 영향을 받아 거품경제에 취한 일본인들이 스스로 허둥대기 시작했다. 그리고 거품이 꺼진 후 대부분의 일본 기업은 자신감을 잃고 말았다. 고통스런 구조 조정을 겪고 난 지금에야 사람들은 근면의 소중함을 다시금 생각하게 되었다. 그러나 이미 근면정신을 잃어버린 사회였다. 곳곳에서 심한 뒤틀림 현상이 나타나는 것도 어쩌면 당연한 일이라 하겠다.

물질적으로 궁핍한 시대에는 쉽게 근면할 수 있었다. 그러나 물질적으로 풍족한 환경에서 근면이란 참으로 어려운 실천 덕목이다. 물질적인 풍요가 사회문제를 불러일으키고 있다. 핵심은 일 그 자체의 매력이며 열심히 하고 싶은 의지가 있느냐 없느냐 하는 것이다.

NHK의 '프로젝트 X'라는 프로그램을 보면 근면의 차원을 훌쩍 넘어서서 일 자체에 푹 빠져버린 사람들을 만날 수 있다. 일이란 본디 사람을 흠뻑 취하게 하는 성질을 가지고 있다. 일본 기업에는 그런 전통이 있었다. 그러나 물질적으로 풍요로운 시대가 되자 바람직하지 못한 반反근면사상이 만연하는가 하면, 경영자들의 무책임한 구조 조정으로 그런 전통이 무색해지고 말았다.

일본 기업의 특징은 현장을 지키는 사람들이 지닌 막강한 힘에 있다. 기업의 직원들은 위에서 내려 보내는 매뉴얼에 따라 주어진 것만을 하는 것이 아니라 각자가 주체성을 가지고 노동의 주역으로서 자기를 경영한다. 그런 소중한 자질, 전통, 문화가 일본 기업을 지탱하는 힘이다. 그 힘이 부활되고 있음은 최근에 빠른 속도로 증가하는 '셀 생산방식 Cell Manufacturing System'으로 나타나고 있다.

성과에 따라 보수를 조정하는 이른바 성과주의라는 것도 필요하다. 그러나 보수로 자극하여 생산성을 높이는 인간이 가진 욕망의 한 측면만을 부각시킨 경영은 크게 잘못된 것이다. 일의 구조를 파악해서 한 사람 한 사람이 노동의 주체가 되도록 끊임없이 배려하는 경영이 필요하다. 그것이 일본 사회에서 근면을 부활시키는 결정적 계기가 되어줄 것이다. 각 개인의 셀프 매니지먼트 시스템 Self Management System을 어떻게 확립하느냐의 문제다. 나는 근면의 부활은 그러한 경영자 측의 노력이 따라야 가능한 일이라고 믿는다.

마츠시타 고노스케가 남긴 말
::

나는 마츠시타전기의 경리담당 임원이 된 이후 매달 한 번씩 창업자인 마츠시타 고노스케 회장에게 결산과 함께 근황을 보고하러 갔다.

1989년 3월, 나는 평소처럼 회장을 만나러 갔다. 창업자는 침대에 누워 있었다. 평소라면 보고 중간 중간에 여러 가지 질문을 할 텐데 그날은 끝까지 듣기만 했다. 그리고 내 말이 끝나자 "히라다, 마츠시타 직원들은 행복하게 일하고 있는가?"라고 물었다.

나는 의표를 찌르는 그 질문에 당황해 머뭇거리다가 "모두가 그렇다고는 할 수 없지만 많은 사람들이 행복하게 일하고 있습니다."라고 대답했다. 그 질문이 마츠시타의 창업자에게 들은 마지막 말이었다.

처음에는 별생각 없이 흘려들었지만 시간이 지날수록 그 말의 무게가 나를 짓누르기 시작했다. 한 달 후 창업자는 영면했다. 세상을 떠나기 전 맑게 개어 있던 마츠시타 창업자의 마음에 무엇이 비쳤고 무엇이 걸렸던 것일까?

직원들은 행복하게 일하고 있는가?

창업자가 궁극적으로 추구한 것이 그것이었을까? 그것이 바로 경영의 궁극적인 과제가 아니었을까. 직원들이 행복하려면 일단 회사가 이익을 내야 한다. 다음으로 고객을 비롯한 모든 사람에게 지지받는 회사여야 한다. 그리고 무엇보다도 경영자와 종업원의 마음이 서로 통하는 회사여야 한다. 그렇게 생각하다 보면 '직원들의 행복'이야말로 가장 어려운 과제라는 사실을 알게 된다.

기업 가치의 증대나 코퍼레이트 거버넌스는 말할 것도 없이 소중하다. CSR도 중요하다. 그러나 기업의 실체를 구성하는 직원들이 왕성한 의욕을 갖지 못한다면 주주나 스테이크홀더 등 기업을 둘러싼 모든 사람들을 만족시킬 수 있는 성과를 얻기란 불가능하다. 소프트웨어의 비중이 커진 최근의 기업 가치 구조에서는 더구나 그렇다.

나는 지금까지 여러 강의에서 경영자가 앞에 나서서 아무리 애를 쓴들 직원에게 의욕이 없다면 결코 만족스런 결과를 얻기 힘들다는 사실을 강조해왔다.

1980년대 이후 유럽이나 미국에서 다양한 경영 기법을 도입하다 보니 경영자가 종업원을 소중히 여기는 일본 기업의 장점이 사라지고 말았다. 경영자가 종업원을 소중히 여기지 않는데 어찌 회사에 기운이 넘쳐날 수 있겠는가.

"종업원은 행복하게 일하고 있는가?" 일본 기업은 다시 한 번 이런 경영의 원점으로 돌아가야 하지 않을까. 그것은 참으로 어려운 과제이다. 그러나 이 가장 어려운 과제를 끌어안아야만 세계를 주도하는 새로운 경영을 창조할 수 있을 것이다.

이시다 바이간과 그 후계자들

유년기에서 청년기

이시다 바이간은 1685년 단바국 구와다 군 도게 마을의 한 농가農家에서 차남으로 태어났다. 도게 마을은 지금의 교토 가메오카 시 부근에 있는 한적한 농촌이다. 이름은 간페이. 아버지는 교육에 열성적인 사람이었던 것 같다. 다음과 같은 이야기가 『이시다선생사적』에서 전해진다.

열 살 때의 일이었다. 바이간은 산에 놀러갔다가 밤알을 대여섯 개 주워왔다. 그것을 점심 식사 때 아버지에게 내밀자 아버지가 물었다. "그거 어디서 주웠느냐?" 바이간이 "우리 산과 남의 산의 경계쯤에서 주웠습니다."라고 대답했다. 아버지는 "남의 산 밤나무 가지가 우리 쪽으로 넘어와 떨어진 밤알이니 그 집 것이다. 당장 가져다놓고 오너라."라고 나무랐다. 바이간은 밥을 먹다 말고 그것을 가져다놓고 와야 했다.

이 일화를 보면 이시다 바이간의 아버지는 매우 엄격했던 것 같다. 전해지는 어린 시절의 일화는 이것뿐이다.

바이간은 열한 살이 되자 당시의 관습에 따라 교토로 일을 하러 갔다. 그가 일하게 된 가게는 규모가 그리 크지 않은 데다 사세도 기울어가는 중이라 명절이 되어도 제대로 된 옷 한 벌 지급하지 못하는 형편이었다. 4~5년을 일하고 귀향했을 때 바이간이 입은 옷은 집을 나갈 때와 똑같은 것이었다. 바이간의 부모는 말할 것도 없으려니와 그 가게를 소개한 아버지의 지인은 깜짝 놀라 그 길로 교토로 찾아가서 그를 집으로 데려왔다고 한다. 그 후 몇 년 동안 바이간은 고향에서 농사일을 거들었다. 당시의 행적에 대해서는 기록이 남아 있지 않다. 다만 "나는 어릴 때부터 따지기를 좋아해서 친구들에게 미움을 받았지만 열네다섯 살 때 문득 그런 나의 성격을 깨닫고 이래서는 안 된다고 생각했다."「이시다선생어록」라는 기록으로 보아 교토로 나갔다가 집으로 돌아온 해 그 언저리에서 어떤 내면적인 변화가 있었던 것으로 보인다.

구로야나기 가 시절 — '인간의 길'을 찾다

8년 정도 고향에서 지내다가 스물세 살 때 다시 교토로 올라가 구로야나기 가家에 들어갔다. 구로야나기 가는 기모노를 취급하는 곳으로 어릴 때 근무했던 가게보다 부유하고 거래도 많았다. 그러나 스무 살이 넘은 나이로 상가에 새로 들어갔으니 고생이 많았을 것이다. 당시에는 통상 열한두 살에 상가 일을 시작해 십년 가까운 견습기간을 거쳐서 점장반토.番頭으로 올라갔다가 독립하는 길을 걸었다. 그렇게 해야 제대로 된 상인이 될 수 있었다. 나이가 들어 상가에 들어간 걸 보면 바이간은 독립할 의사가 없었던 것 같다. 그렇다면 왜 상가에 들어갔을까? 그것은 아마도 고향에서 공부한 신도神道를 보급하고 싶었기 때문이 아닐까 한다. 『이시다선생사적』은 다음과 같이 적고 있다.

선생은 스물세 살 때 교토에 올라가서 한 상가에 취직했다. 처음에는 신도를 연구하고 그 사상을 널리 전하려고 했다. 들어주는 사람이 없는데도 방울을 흔들며 거리를 다니면서 사람의 사람다운 길에 대해 외쳤다.

바이간이 구로야나기 가에 들어가자마자 이런 행태를 보였다하니, 너무 갑작스런 변화라 당혹스러울 정도이다.

그러나 구로야나기 가에서 바이간은 일을 처리하는 데 빈틈을 보이지 않았다. 열심히 근무하여 주인에게 높이 평가받았다고 한다. 그는 신도에 심취해 그것의 포교에 힘을 쏟았지만 그의 관심사는 오로지 '사람의 사람다운 길'이었다. 그러기에 일을 할 때도 늘 책을 품에 간직한 채 틈만 나면 공부를 했다. 아침에는 동료들보다 일찍 일어나 2층 창을 향해 책을 펼쳤고 밤에는 사람들이 다 잠든 틈을 타서 책을 읽었다. '사람의 사람다운 길'을 추구하는 마음은 그 후에도 일관되게 바이간의 인생에서 중심축이 되었으니 신도가 그 출발점이라 하겠다.

그의 공부는 신도에서 출발해 불교, 그리고 유학으로 확장되었다. 당시 상가에서 일하는 사람들은 팔월 보름 경의 휴일 외에는 일 년 내내 하루도 쉬지 못하는 생활을 했다. 그런 가운데 만들수 있는 개인 시간이란 뻔했다. 이십 년 후 바이간이 학교를 열었을 때 그는 신유불神儒佛을 관통하는 지식을 갖추고 있었다. 그 지식을 어떤 방식으로 쌓았을지 생각해보면 그 열의와 인내심과 노력에 감탄하지 않을 수 없다.

점장으로 출세하다

그가 근무했던 구로야나기 가는 원래 신앙심이 깊은 가문으로 정토진종淨土眞宗 혼간지本願寺 문도門徒였다. 그래서 직원들에게도 혼간지 참배를 권했다고 한다. 바이간은 신앙심 깊었던 주인의 노모에게 오히려 신도를 권하기도 했다. 그것을 안 나이든 직원이 "바이간은 신도를 공부하다 보니 불교의 종지宗旨에는 별 관심이 없는 것 같습니다."라고 노모에게 고자질하기도 했다.

그 말을 듣고 노모는 "간페이가 신도를 배우는 데는 나름의 뜻이 있을 것이다. 부처님을 참배하지 않는다 해도 신앙심에는 다를 바가 없으니 괜찮다. 그냥 내버려둬라."라고 대답했다. 그 후 노모는 병석에 누웠다. 어느 날 곁에 있는 사람에게 노모가 이렇게 말했다. "지금 나는 아무것도 부족한 게 없지만, 간페이가 성공한 모습을 못 보는 게 애석할 따름이다." 『이시다선생사적』

이러한 일화로 보아 그는 주인에게 두터운 신뢰를 받았던 것으로 보인다. 어쨌든 바이간은 구로야나기 가에서 열심히 일을 해 말단 직원에서 점장의 지위까지 올라갔다. 이렇게 그는 일과 공부를 병행하면서 나름대로 자연의 성性에 관해 어떤 소중한 깨달음을 얻은 것 같다. 그러나 서른대여섯 살이 되었을 때 여태까지 자신이 공부해서 깨달은 지식에 대해 회의가 찾아왔다. 그 어간의 사정을 『도비문답』에서 그는 이렇게 말하고 있다.

특정한 곳 특정한 스승을 정하지 않고 1년 동안 강의를 들으러 다녔지만 나의 어리석음 때문에 마음의 충족을 얻지 못하고 세월만 보내다가 어느 곳에 은둔한 학자가 있어서…….

『이시다선생어록』을 보면 그가 독서에 힘을 쏟았던 시절에는 그냥 성현의 말을 알고 싶다는 생각뿐이었다고 한다. 딱히 그것이 자신의 삶에 중요한 지식이 되리라고 생각하지 않았고, 또 학문으로 생활비를 마련할 마음도 없었다. 그렇지만 자신의 마음을 모를 지경에 이르자 자신이 진실로 성현의 마음을 이해했을 리없다는 것을 깨닫고는 새로운 가르침을 구하여 여러 곳을 떠돌아 다녔다. 당시에는 소년기에서 청년기로 가는 과정에 독서와 강의를 듣는 경우가 많았다. 바이간도 그런 평범한 길을 걸었던 셈이다.

오구리 료운을 만나다

배움을 얻으러 돌아다니는 사이에 점점 '성性이란 무엇인가, 또 마음이란 무엇일까' 라는 주제의식을 가지게 되었고, 그것을 해결하기 위해 다시 스승을 찾아 헤맸다. 그러나 아무런 소득도 없이 세월만 흘렀다. 그러다 이윽고 은둔하고 있던 오구리 료운이라는 스승을 만난다.

『이시다선생사적』에 따르면 료운은 "성은 다이라平 또는 오구리小栗, 이름은 데이준貞順이다. 모 영주의 신하였다가 어떤 사연으로 사직하고 교토에 은거하고 있었다. 성리학과 노장사상에 정통했다."고 한다. 바이간은 료운을 만나 깊은 감명을 받고 그의 제자가 되기로 결심한다. 그리고 명상을 시작한다.

그렇게 일 년 반이 지났을 때 바이간의 나이는 마흔 살이 되었고, 마침 어머니가 병석에 누웠다는 전갈을 받아 고향에 간다. 정월 상순의 일이었다. 어머니를 돌보다가 볼일이 있어 집 문을 나서는데 깨달음이 찾아왔다. 그는 교토로 돌아와 그 체험을 료운에게 말했다. 스승은 그 체험을 이렇게 표현했다.

그건 장님이 코끼리를 만지는 격이라네. 꼬리를 보거나 다리를 보고 있을 뿐 아직 전체가 보이지 않는 어중간한 상태이지. 성은 만물의 어버이라네. 그렇게 바라본 그 눈이 남아 있지 않은가. 성은 눈이 없다네. 그러므로 지금 그 눈에서 한번 벗어나야 하는 게야.

바이간과 성은 아직 떨어져 있었다. 그는 성을 눈으로 관찰하고 있었다. 진리를 알고 싶다면, 진리란 눈으로 바라보는 것이 아님을 깨달아야 했다. 이렇게 하여 바이간은 한층 더 명상 정진에 빠져 들어갔다. 일 년이 더 지났다. 그는 완전히 새로운 자신감을 얻었고 미망에서 벗어났다.

그는 그렇게 얻은 깨달음을 혼자 누리지 않고 많은 사람들에게 나누어주고 싶어했다. 마흔세 살이 되었을 때 그는 구로야나기 가에서 물러나 여러 명숙明塾을 찾아다니며 강의를 듣고 학교를 열 준비를 했다. 1729년에 오구리 료운은 예순을 일기로 세상을 떠났다. 바이간은 그해 처음으로 자신의 강의를 열었다. 아마도 퇴직금을 모두 쏟아부었을 터이다. 체계적으로 공부를 한 것도 아니고 학생들이 오리라는 보장도 없는 상태에서 첫걸음을 내디딘 것이다.

개숙 시대 — 세미나 형식의 문답

1729년 마흔네 살이 된 바이간은 교토 구루야마의 자택에서 처음으로 강의를 시작했다. 문 위에는 "몇 월 며칠 개강. 강의료는 받지 않음. 원하는 분은 자유롭게 들어와 들으시오."라는 간판이 걸렸다. 수업료도 없고 소개장도 필요 없었다. 누구든 자유롭게 들을 수 있게 하자는 것이 바이간의 뜻이었다. 처음에는 사람이 적었다. 절친한 친구 혼자 강의를 듣는 날도 있었다. 그때마다 그는 이렇게 말했다.

나는 강의를 시작할 때 단 한 사람이라도 마주보고 앉아 있으면 그것으로 만족한다.

여기서 주목할 것은 개숙開塾 초창기부터 여성도 받아들였다는 사실이다. 『이시다선생사적』에 따르면 "남녀를 구별하여 여자가 앉는 자리에는 주렴을 쳤다."고 한다. 강의를 들으러 오는 여자들에게 특별히 배려했다는 것은 남녀평등의 사고를 가졌기 때문이다. 그 시대에 참으로 진취적인 사고가 아닐 수 없다.

그 후 그의 열성이 청중의 마음을 사로잡기 시작해 교토의 상가 사이에 그 평판이 알려졌다. 서서히 청중 수가 늘어났고, 마침내 출장 강의를 하기에 이르렀다. 오사카, 가와치, 이즈미를 돌았고, 오사카에도 자주 갔다. "교토에서는 장소를 바꾸어 30~50일에 걸쳐 몇 번의 강의를 했다."라고 『이시다선생사적』은 기록하고 있다. 요즘 말로 하면 출강을 가 집중 강의를 한 셈이다.

구루야마의 자택에서 펼친 강의는 아침에는 매일, 저녁에는 하루걸러 있었다. 그 밖에도 문인들이나 관심을 가진 사람들을 위해서 한 달에 세 번 월례 모임를 가졌다. 강의는 먼저 바이간이 주제를 내고 문인들이 그 답을 제시하면 거기에 대해 바이간이 다시 답을 하는 형식으로 진행되었다. 평소에는 간편한 일상복 차림으로 강의를 했지만 첫날과 마지막 날은 반드시 목욕을 하고 삼베로 지은 예복을 차려 입었다.

1735년 다카쿠라의 넓은 건물에서 처음 한 달 동안 강의할 때는 남녀 청중들이 넘쳐났다고 한다. 학교를 연 지 6년째 되던해의 일이었다. 1737년 봄이 되자 학교가 너무 좁아져 자택을 사카이로 옮긴다.

　그가 강의에 사용한 책은 유교, 불교, 신도에 걸쳐 광범위하다. 그는 "불교와 노장의 가르침도 마음을 갈고닦는 도기구사磨種가 된다면 기꺼이 배워야 한다."면서 심학을 닦는 방법을 설명했다. 이 지점이 학파에 집착하는 유학자와 다른 점이다. 또한 책을 두루 읽어 시를 잘 짓고 문장이 뛰어나긴 하되 성인의 마음을 모르고 덕이 없는 학자를 일컬어 '문자 기술자'라며 인정하지 않았다.

　바이간은 해가 뜨기 전에 자리에서 일어나 손을 씻고 문을 열고 집 안을 청소한 뒤 옷을 갖춰 입는다. 그리고 심지에 불을 켜고 아마데라스 고다이신궁天照皇太神宮, 대성문선왕大聖文宣王, 공자, 아미석가불弥陀釋迦仏에 차례로 경배를 올린다. 그런 다음 스승과 조상과 부모의 영靈에 기도를 올리고 나서 아침을 들고 잠깐 쉬었다가 강의를 시작했다.

　신, 유, 불의 순서에 대해서는 『이시다선생어록』에서 다음과 같이 말한다.

　　신, 유, 불 모두 고귀하지만 예를 올릴 때는 순서가 있다. 먼저 아마데라스 고다이신궁에 절을 하는데 거기에는 세상의 모든 신, 천자, 쇼군도 있다. 두 번째는 문선왕에게 절을 하는데 거기에는 증자, 자사, 맹자, 송유 등이 포함되어 있다. 세 번째는 석가여래에게 절을 하는데 거기에는 고승대덕도 들어 있다. 또한 불교도라면 두 번째에 석가여래를 두어야 하다. (중략) 유, 불 모두 다이신궁을 처음에 두어야 함은 당연하다.

아침 강의는 새벽에 시작해 오전 8시에 끝나며, 밤 강의는 저녁나절부터 밤 8시까지 이어진다. 아침에는 따뜻한 물을, 저녁에는 차를 마시고 불을 넣을 때마다 담배함에 불을 붙였다고 한다. 물론 한낮에도 찾아와 강의를 요청하는 사람들이 많았을 뿐만 아니라, 매일 밤 10시까지 문인門人들이 남아서 질문을 하거나 토론을 벌이기도 해 바이간은 매일 열두 시가 넘어서야 잠자리에 들었다.

교육 방법으로는 강의, 문답 모임, 좌선 등 세 가지를 병행했다. 또한 학문의 실증을 중요하게 여겨 끊임없는 실천을 요구했다.

바이간은 평생을 독신으로 살며 지극히 간소한 생활을 했다. 밥을 먹을 때에는 국을 조금 남겨 솥에 눌어붙은 밥알과 함께 참새와 쥐에게 주었고, 벽지나 창호지를 다시 바르면 남은 종이를 화장지로 사용했다. 철저하게 낭비를 줄이고 남은 것을 거지에게 주거나 새에게 주거나 달리 사용할 곳을 찾았다.

『도비문답』을 정리하다

개숙開塾한 지 십 년째 되던 1738년 여름, 바이간은 특별히 친밀한 제자들과 함께 단바의 시로사키 온천에 갔다. 그리고 첫 저서인 『도비문답都鄙問答』을 정리했다. 또한 1744년 5월에는 두 번째 저서 『제가론齊家論』을 펴냈다. 『제가론』의 첫머리에는 숙塾을 연 지 15년이 지나 개숙 당시의 심경을 되돌아보면서 여기까지 온 게 믿을 수 없다는 감상을 적은 명문장이 있다.

세월은 마치 급류와도 같구나. 가르침을 펴기로 마음먹고 몇 월 며칠 개강, 누구든 자유롭게 강의를 들어도 좋다고 방을 붙인 지도 어언 십오 년이란 세월이 흘렀다. 그때의 글들을 살펴보니 기특하다고 칭찬하는 사람도 있고, 배우지도 못한 사람이 무슨 강의를 하느냐고 비난하는 사람도 있고, 또는 눈앞에서는 칭찬을 하면서 뒤로는 조소하는 사람도 있고, 그 밖에도 그저 그렇다는 평가가 대부분이라는 말을 들었다. 나이 들어 학문을 시작한 나는 특별히 남보다 배운 것도 없고 명망도 없었다. 다만 가르침을 펴고자 하는 뜻을 세우고 오랜 세월을 노력하여 성현의 뜻을 깨달은 바가 있었다. 그 마음을 깨달았을 때 삶과 죽음을 잊었고 명리도 잊었다. 그 마음이 나를 그렇게 하도록 이끌어주었다. 참으로 행복하다. 오늘날까지 많은 사람들이 배움을 구하여 찾아왔고

188

마음이 통하는 제자들도 만났다. 나의 사상을 이해하고 나와 그 뜻을 같이하면서 사람들에게 널리 알려 내 말을 들으러 오게 하니 참으로 기특하다. 학력도 없다. 돈도 없다. 이름도 없다. 그렇게 보잘것없이 출발한 학교가 지금은 사람들로 넘쳐나고 있다. 그것은 여기 있는 제자들 덕분이다.

바이간의 속내가 절절이 묻어나오는 문장이다.

바이간이 여기서 마음이 통하는 제자라고 지목한 사람은 그가 처음으로 강단을 마련했던 구루야마 시대부터 강의를 들은 사람으로 기모노 가게를 하는 오미야진베에와 처자식 모두 제자가 된 목재상 다이키야헤베에 기무라 시게미츠, 그리고 법의상인 주이치야덴베에 시게오카 모데나오, 기모노 상 오구로야센포 스기우라 시사이, 같은 기모노 상 오미야겐우에몬 데지마 도안을 가리키는 것으로 보인다. 그들은 모두 교토의 상인들이었다. 교토의 상인이 바이간의 양식을 먹고 자랐던 것이다. 그 후 석문심학石門心學의 전개를 살펴볼 때 바이간의 가르침을 꽃피운 것이 바로 그들이다.

같은 해 9월이 되어 바이간은 다이키야헤베에한테 『제가론』이 잘 팔리는 것이 너무 기쁘다는 편지를 보냈다. 그리고 일주일 후 하루를 앓다가 숨을 거뒀다. 향년 육십 세. 그는 평생 혼자 살며 간소한 자취생활을 했기에 마지막 숨을 거둘 때도 그를 지켜본 사람이 없었다고 한다.

세상을 떠난 후 저택에 남은 물건이라고는 책 세 상자, 그리고 사람들의 질문에 대답하기 위해 평생 작성한 원고, 독서대, 책상, 벼루, 옷, 일용 잡화뿐이었다. —『이시다선생사적』

데지마 도안 — 심학강사의 시작

바이간이 세상을 떠난 후 수제자들이 모여 한 달에 네 차례 정례 강석講釋과 윤강輪講을 가지기로 정했다. 가장 젊은 데지마 도안이 후계자들 가운데서 중심인물이 되었다. 보통 오미야겐우에몬이라 불리는 데지마 도안은 교토의 자산가로 널리 알려진 상가 출신이다. 그는 1718년에 태어나 세 살 때 아버지를 여의고 열여덟에 바이간의 문하에 들어갔다. 아버지 무네요시는 『상인야화초商人夜話草』『진두塵斗』 같은 교훈서를 쓴 교양인이었다. 그런 가풍 속에서 성장한 그는 독실하고 온후한 인격의 소유자였다. 아버지는 바이간의 수제자인 사이토 젠몬의 친구였다. 그런 연유로 제자가 되었는지도 모른다.

그러나 그는 나이 스물여섯에 스승 바이간을 잃고 만다. 그는 그 이후 16년간 오로지 가업에 열중하면서 심학을 연구한다. 그러

는 사이에 선배들이 하나둘 세상을 떠나자 마흔한 살 때 가독家督
을 장남에게 넘겨주고 은거하여 심학에 정진한다.

도안은 강의 내용을 간결하면서도 알기 쉽게 정리하는 데 뛰어
난 능력을 가졌고, 교수법에서도 뛰어났다. 그의 강의는 대중 속
으로 파고들어 대중과 함께 숨 쉬는 실용적인 것이었다. 그의 저
서 『좌담수필座談隨筆』에 다음과 같은 문장이 있다.

> 여러분은 시간도 없고 반듯한 사각형 글자도 모르니 여기저기 강
> 의를 들으러 간들 아무 소용이 없습니다. 그렇지만 이 강의는 원
> 래 강의하는 사람이 무식해 글자를 모르니 여러분도 알아듣기 쉬
> 울 것입니다.
> — 다케나카 세이치竹中靖一 『이시다 심학의 경제사상』

어려운 학문은 사람을 딱딱하게 만든다. 도안은 그런 학문에
가까이 가기 어려워하는 대중이 가벼운 마음으로 들을 수 있게
하려는 명확한 의도를 가지고 강의를 했다. 그 결과 학교 수가 부
쩍 늘면서 심학사상이 급속히 지방으로 퍼져나가기 시작했다.

도안은 1760년에 강의를 시작해 5년 후 새 집을 마련하여 강의
실을 만들고 그 이름을 고라쿠샤五樂舍라 했다. 이것이 심학강사心
學講舍의 시작이다. 그 후 교토에 슈세이修正, 지슈時習, 메이린明倫

세 강의실이 개설되었고 오사카에도 메이세이明誠가 설립되었다.

도안은 조직을 만드는 데도 뛰어난 능력을 발휘했다. 우선 단서斷書, 자격증를 발행한 것을 들 수 있다. 깨달음에 이르렀다고 인정되면 일 년에 세 번 도안의 서명이 든 단서를 발행해 면학의 목표를 제공했다.

그리고 각 강사講師의 조직도 명확히 했다. 사주舍主 아래 몇 명의 도강都講을 두고 사주의 강석講釋을 돕는 조수 역할을 하게 했다. 도강 아래에는 포인사舖仁司와 회우사會友司를 두어 도강을 돕게 하면서 간부 후보생으로 교육했다. 인재를 양성하기 위한 시스템인 것이다.

그렇게 조직화를 추진하는 한편으로 문하생들을 다루는 데도 세심한 주의를 기울였다. 그는 입문한 사람들에게 제자라 하지 않고 모두 '친구'로서 예를 갖추었다. 그러는 사이에 단서의 자격을 갖추면 "당신은 여전히 바이간 선생의 문하생입니다."라 말하고 '이시다 선생 문인보石田先生門人譜'에 등재했다. 그리고 단서 수여 의례가 끝날 때마다 바이간의 묘를 찾아가 보고했다. 『데지마 선생 사적手島堵庵事蹟』

이처럼 심학강사가 확장되면서 심학운동도 빠르게 성장했다. 도안은 바이간의 '성性'을 '본심本心'이라 했다. 바이간의 사상이 '심학心學'이란 이름을 얻은 것도 도안의 시대에 이뤄진 것인데, 그 이후 '심학'은 일반적인 명칭이 되었다.

나카자와 도니 ─ 대중의 인기를 끈 '도화'

도안의 제자였던 나카자와 도니는 1725년에 교토에서 태어났다. 그는 베를 짜는 직인으로서 집은 조쿄신에 있었다. 부모가 열성적인 일련종日蓮宗. 신자였기에 그 교리를 배웠으나 1770년경 데지마 도안을 알게 되어 심학에 입문했다.

도니는 유복한 상가에 태어난 도안과는 달리 가난한 직인의 가문에서 태어나 고생을 했다. 그런 중에도 십 수 년에 걸쳐 일련종의 묘법과 선을 수행했기에 심학의 가르침을 접하기 전부터 이미 상당한 경지에 올라 있었다. 게다가 도안과는 다른 환경과 체험을 가지고 있었다.

도니의 강의는 도안 이상으로 대중적이었다. 쉽고 재미 있고 웃기기까지 해서 대중의 마음을 사로잡았다.

심학 이야기는 도안 시절부터 '도화道話'라는 말로 서민에게 친숙해져 있었다. '도니옹 도화道二翁道話'는 그 이야기가 매우 경쾌하고 매끄러운 데다 알기 쉬우며 소재 또한 일상생활, 미신, 전통연극, 강담, 종교사상 등 모든 분야에서 자유롭게 따왔기 때문에 서민에게 인기를 끌었다. 도니는 끊임없이 살아 있는 학문을 역설했다.

출가승은 많지만 살아 있는 불교 이야기를 할 수 있는 사람은 적다. 내 이야기는 신도, 불교, 유학의 틀을 모두 벗겨낸 살아 있는 이야기다.

그런 독특한 화술로 큰 인기를 누렸다.

1790년 극작가 산도 쿄덴山東京伝이 『심학조염초心學早染草』를 출간했고, 교쿠데바킨曲亭馬琴도 『심학시계초心學時計草』『사편접심학초지四遍摺心學草紙』를 비롯해 심학이란 이름을 붙인 그림책을 몇 권 출간했다. 도니의 심학이 꽤 대중적인 인기를 누렸음을 말해준다.

도니의 도화는 통속적인 이야기였지만 촌철살인의 기지에 찬 표현을 구사했고, 마지막에는 엄숙한 분위기 속에서 본심의 핵심을 정리하는 멋들어진 솜씨를 보였다.「이시다 심학의 경제사상」

마츠다이라 사다노부의 입문

도안의 제자였던 도니에게는 그렇게 독특한 맛과 멋이 있었다. 결국 이 두 사람이 심학이 세상으로 널리 알려지는 데 결정적인 역할을 했다. 도니는 입문한 지 십 년째인 1780년 에도에 파견되어 니혼바시에서 참전사參前舍를 설립했다. 그의 나이 54세 때의 일이었다. 그는 1~2년씩 교대로 에도와 교토에 머물었고 20여 개

나라를 돌며 교화활동을 폈다.

그 가운데서 특히 주목할 만한 것은 마츠다이라 사다노부와 친밀한 영주들을 교화한 사실이다. 한슈 야마사키의 번주 혼다 히고가미가 심학에 깊은 관심을 보여 문인門人이 된 데서 비롯됐다. 이를 인연으로 마츠다이라 사다노부가 입문한 데 이어 그가 오른팔처럼 믿었던 혼다 타다카즈가 합류했다. 그는 "내가 덴메이 3년부터 집권해 별 탈 없이 지낼 수 있었던 것은 타다카즈의 도움 때문이다."라고 마츠다이라가 말했던 바로 그 사람으로 후일 마츠다이라에 의해 로주老中로 추거되기도 했다. 그리고 마침내 '간세이개혁'에 참가한 열다섯 명의 영주 가운데 여덟 명이 심학을 배우게 되었다. 이것은 심학의 교화운동의 발전에 큰 힘이 되었다.

마츠다이라 사다노부는 간세이개혁으로 사치와 향락에 빠진 사람들의 마음을 교정하고 교육정책을 펴는 데 온힘을 기울였다. 또한 그는 유지마의 성당을 '창평판학문소'라 이름을 바꾸고 막부 직할로 두었다. 새롭게 41개의 번교를 신설하고 무사가 아닌 서민 교화에도 힘썼다. 에도에서는 부랑자와 수형자에게 기술을 가르쳐 재활의 기반을 마련해주는 시설을 츠쿠다지마에 설치하고 나카자와 도니를 그 책임자로 삼았다.

국가가 서민 교화를 주요 정책으로 삼았을 뿐만 아니라 쇼군 사다노부가 심학을 신뢰하기에 이르자 석문심학은 날개를 단 것이나 다름없었다. 이 시기에 심학의 가르침은 빠르게 전파되었다. 심학은 안으로는 교육활동을 강화해 내실을 기하면서 위정자의 정책에 힘입어 전국으로 퍼져나갔다. 무가武家의 저택에서도 도화가 행해졌는데, 강사講師는 모두 상인이었다. 수도인 에도에서는 상가 출신이 아닌 무가 출신의 강사도 있었다.

도니의 사후 1830년대에 심학은 전성기를 맞아 강사講舍 수는 전국 34개 번에 180개 소에 이르렀다.

번영과 쇠락

이후 한동안 심학은 번영을 누렸다. 그러나 번영의 원인이 동시에 쇠락의 원인이 되었다. 심학이 상류 계층인 무가武家 사회에 침투되면서 상인에게 상도를 가르치는 학문으로서의 길을 벗어났던 것이다.

막부에서 펼쳤던 서민 교화정책은 당연히 막번체제에 순응하는 사람을 만드는 것이 그 목적이었다. 무사의 정신세계를 수용하는 학문은 당연히 현재의 신분제를 공고히 하려 할 것이다. 따라서 바이간이 상인의 사회적 지위를 확립하기 위해 목숨을 걸고 싸워가며 창조했던 사상의 본류는 점점 희미해졌다. 바이간, 도안 이래로 특히 중요시되었던 수행이나 연구보다는 풍속 개선과 도덕 향상을 목적으로 하는 교화지상주의가 두드러졌다. 봉건체제의 어용으로 전락하고 만 것이다.

게다가 도니가 세상을 떠난 후 관동지방의 심학을 대표하는 오시마 우린大島有隣과 교토를 대표하는 우에가와 키스이上河淇水가 대립하면서 두 세력으로 분열되고 만다. 그 결과 교화활동에 대한 통제력도 약해지고 사이비 심학자마저 나오는가 하면 만담이나 흥미 본위의 도화가 횡행하기 시작했다.

물론 그런 와중에 시바타 규오柴田鳩翁나 오쿠다 라이조奧田賴杖와 같은 걸출한 심학자도 나왔지만 기울어가는 심학의 기운을 되살리지는 못했다.

특히 메이지유신으로 학교제도가 발족하고 서구 문화가 유입되면서 심학의 기세는 급속도로 약해졌다. 전쟁 시대 스미토모住友의 총이사였던 오구라 마사츠네小倉正恒가 석문심학회의 회장을 맡아 그 보급에 노력한 시기도 있었지만 오늘날에는 교토의 메이린, 슈세이, 지슈 세 곳과 오사카의 메이세이, 도쿄의 산젠샤가 겨우 명맥을 잇고 있을 따름이다.

바이간은 CSR의 선구자

이시다 바이간이 심학을 설한 지 270년이 흘렀다. 바이간이 창조하고 그 제자들이 이어받아 한때는 일본의 상가에 뿌리를 내린 것처럼 보였던 심학의 도덕관, 윤리관은 도대체 어디로 가버렸을까? 전후의 가치 전환으로 종래의 윤리와 도덕은 좋은 점이든 나쁜 점이든 모두 부정되었다. 봉건주의, 군국주의와 한 묶음으로 처리돼버린 것이다. 사람의 길을 외치는 도덕이 경원시되었다. 이어서 고도 경제성장 시대에 접어들어 모든 가치가 물질과 돈에서 비롯되는 세상이 되었다. 사람이 반드시 갖추어야 할 따뜻한 마음을 경시하는 세상이 되고 만 것이다.

이제야 인류는 깨닫고 있다. 지구상의 자원에는 한계가 있고 브레이크 없는 소비가 지구온난화라는 심각한 문제를 일으켰다는 것을. 오늘날 우리는 지구 전체를 운명공동체로 생각하지 않을 수 없게 되었다. 전 세계의 사려 깊은 사람들은 인류가 물질중심주의와 이기주의에 빠져 사회적 책임을 망각하면 지구의 미래를 확신할 수 없다는 것을 깨닫고 있다.

그것이 CSR의 움직임으로 나타난 것이 아닐까.

2000년 10월, 교토국제문화회관에서 '심학 개강 270주년 기념 심
포지엄'이 열렸다. 그 자리에 캘리포니아대학교 버클리의 명예교수
인 로버트 N 베러가 초청돼 강연을 했다. 베러는 『도쿠가와 시대의
종교』이와나미문고, 1957년 출간에서 이시다 바이간과 석문심학을 최초로
해외에 소개한 사람이다.

1955년 베러는 '도쿠가와 시대의 종교'라는 글을 써 하버드대학교
에 학위논문으로 제출했다. 그때 지도교수가 막스 베버 학설의 계
승자인 탈코트 파슨스Talcott Parsons와 후일 주일 미국 대사가 된 에
드윈 라이샤워Edwin O. Reischauer 교수였다고 한다. 그로부터 45년 후,
베러는 강연을 통해 흥미로운 문명론을 전개해 일본인들에게 감명
을 주었다. 그 이야기 가운데 다음과 같은 내용이 나에게 깊은 인

상을 주었다.

올해 2000년 1월 오부치 게이조小淵惠三 수상의 자문 간담회에서 마련된 '21세기 일본의 구상'이라는 보고서가 나왔습니다. 이 보고서의 키워드는 '개인의 힘'이었습니다. "21세기는 개인의 시대다. 글로벌 시대, 인터넷, 네트워킹을 통해 개인이 보다 중요한 시대로 들어설 것이다."라는 내용입니다. 보고서 전체를 읽어보지 않았기에 미국의 신문보도 내용이 정확한 것인지 잘 모르겠지만, 미국식 개인주의로 일본의 문제를 해결하려는 듯한 느낌을 받았습니다.

물론 일본 사회에 문제가 있는 것만은 분명합니다. 또한 개인의 존엄성에 대한 배려는 근대사회의 기본일 뿐만 아니라 윤리적으로도 중요합니다. 그러나 미국식 개인주의로 일본의 문제를 해결할 수 있을까요? 이런 말을 하는 것은 지금 바로 그 개인주의가 미국 사회에 심각한 문제를 일으키고 있기 때문입니다.

사회학자 로버트 퍼트넘Robert David Putnam 에 따르면, 1970년경까지 미국은 사회적 자본, 즉 사회적 연대감이 늘어나는 추세였습니다. 이를테면 각종 투표, 적극적인 정치 참여, 시민으로서의 사회 활동, 평소의 만남, 단란한 가족, 교회 예배 등 말입니다. 그것이 최근 삼십 년 사이에 눈에 띄게 약해지고 있습니다. 개인주의라는 것은 윤리적 보편성 속에서 이뤄져야 합니다. 그렇지 못할 때 그 개인주의는 파멸적인 양상을 띨 개연성이 있습니다.

개인주의가 미국의 전통이 보여주었던 강력한 윤리적 배경이나 지역에 대한 연대감, 의무감에 뿌리를 두지 않는다면 사회관계나 문화적 자산을 침식할 수도 있는 것입니다.

일본이 이제부터 도입하려는 개인주의가 일본 문화에 뿌리내린 윤리적 의무감이나 사회와의 연대 없이는 위험하다는 것을 경고한 것이다. 게다가 이 강연이 '21세기 일본의 구상'이 발표된 직후인 2000년 가을에 이뤄졌다는 사실은 의미심장한 일이다. 그러나 일본 인은 그것을 깨닫지 못했다.

그로부터 5년이 지난 2005년 초가 돼서야 '유도리ゆとり 교육의 수 정'이라는 교육 방침의 대전환이 발표됐다. 문제가 된 '유도리 교육 사상'은 '21세기 일본의 구상'에서 중요하게 다뤄진 내용이었다.

나는 이 책을 통해 '글로벌 스탠더드'라는 옷을 걸치고 수입된 말 들에 경종을 울리고 싶었다. 일본이 국제화하기 위해서는 '주식중 심주의', '시장주의'의 세례를 한 번은 받아야 할 것이다. '코퍼레이 트 거버넌스'를 배우고 일본의 인습을 바꾸지 않으면 세계의 흐름 을 따라갈 수 없다. 그러나 외래어를 직수입해 무작정 글로벌 스탠 더드로 받아들이라고 요구하는 그 논리에는 위화감을 느끼지 않을 수 없다.

그것이 의도하는 바가 무엇인가를 올바르게 파악하는 게 중요하다. 그리고 그 틀을 받아들이기 전에 먼저 자신의 몸에 맞게 고쳐야 한다. 물론 일본의 많은 기업이 글로벌화됐기에 세계에서 통용되는 수준의 흐름을 유지해야 한다는 것은 말할 것도 없다.

CSR의 세계 규격화 물결에 일본 정부나 기업이 빨리 참여해 일본의 뜻을 반영할 수 있게 노력하고 있다는 것은 새로운 시대를 향한 올바른 움직임으로 높이 평가하고 싶다.

21세기 들어 그 폐단을 드러내기 시작한 과거의 자본주의에 대해 수정 움직임이 나타나고 있다. 그 연장선상에서 일본인의 예지를 살릴 기회가 찾아올 것이라 생각한다. 이시다 바이간의 가치를 다시 살펴본 이 책이 그런 의미에서 조그만 역할이라도 해주기를 바란다.

마지막으로 이 책이 나오기까지 PHP연구소 출판부의 아다치 씨를 비롯한 여러분에게 많은 도움을 받았다. 감사드린다.

2005년 벚꽃이 활짝 핀 날
히라다 마사히코

간세이 3대 기인

하야시 시헤이林子平, 다카야마 히코쿠로高山彦九郎, 가모 군페이蒲生君平를 간세이寬政, 1789~1801 시대의 3대 기인이라 일컫는다. 하야시 시헤이는 일본 최고의 지리학자이며 지도 제작의 대가였고 대표적 실학자였다. 1785년에 그가 그린 '삼국접양지도'는 울릉도와 독도를 조선의 색깔인 황색으로 칠했을 뿐 아니라 그 옆에 '조선의 것'이라는 글자를 써넣어 독도와 울릉도가 조선 영토임을 더욱 명료하게 표시하고 있다. '삼국접양지도'는 그의 저작 『삼국통람도설』에 수록된 다섯 장의 부도 가운데 하나이다.

간세이개혁 寬政改革

1603년부터 집권한 도쿠가와 막부德川幕府의 거대한 지배력을 회복해 일본의 부흥을 꾀한 재정 및 사회 개혁. 1787년에서 1793년에 걸쳐 로주 마츠다이라 사다노부가 실시한 개혁정책. 농민의 부흥을 꾀하고 상업자본을 억제하는 보수적인 개혁이었는데 너무 엄격하게 실시하다 실패하고 말았다. 전통적으로 역사가들은 마츠다이라의 개혁을 높이 평가해왔지만, 지금은 시대에 뒤떨어진 제도를 부활하려 했던 부질없는 시도이며 이미 일본 사회에서 일고 있던 정치체제의 변혁과 개선의 움직임에 역행한 것으로 평가되고 있다.

겐로쿠시대 元祿時代 1688~1704

쇼군 츠나요시綱吉가 통치하던 시대를 말한다. 산업과 경제가 크게 발전하여 현실적이고 인간적이며 밝은 일본 특유의 문화를 꽃 피웠다. 상업 경제가 급속히 팽창했으며 교토京都, 오사카大阪, 에도江戶:지금의 도쿄를 중심으로 도시문화가 활기차게 발전한 것이 특징이다. 도시의 성장은 1세기에 걸쳐 평화를 구가한 도쿠가와 막부의 치세와 병농분리정책兵農分離政策:무사들을 성읍도시로 집결시켜 농민과 분리시킨 정책의 자연스런 귀결이었다. 에도가 도쿠가와 막부의 수도로서 행정의 중심지가 된 반면 오사카는 상업의 중심지가 되었는데, 겐로쿠 문화를 주도한 것은 대부분 이들 부유한 오사카 상인이었다. 무사들을 속박하는 엄격한 규율에서 벗어난 도회지 사람들은 쾌락을 추구하면서 여가를 보낼 수 있었으며, 그들의 상업활동에서 나온 수입은 문화를 발전시키는 원동력이 되었다. 겐로쿠시대에 형성된 도시문화는 도쿠가와시대 내내 융성했다.

교호개혁 享保改革

일본 에도시대江戶時代의 8대 쇼군 도쿠가와 요시무네가 막부정치를 재정비하기 위해 실시한 개혁. 도쿠가와 막부의 3대 개혁 중 가장 먼저 실시되었기 때문에 뒤에 이루어진 개혁들의 모범이 되었다. 에도시대 중기에 이르자 봉건제와 막부정치의 모순이 표면화되면서 막번체제의 위기가 심각해졌다. 이에 요시무네는 조멘사이定免制 : 일정기간 내 정액을 징수하는 세법를 실시하여 연공年貢 수납을 강화하는 한편 개간이나 고구마 재배를 장려하여 생산량의 증대를 꾀하는 등 농민의 생활안정을 도모했다. 도시의 상업자본에 대해서는 가부나카마株仲間 : 상공업 동업조합를 인정하는 동시에 통화의 통일과 통제에 힘썼다.

그린 조달 green 調達
녹색 구매. 환경적으로 부하가 적은 환경 친화적 제품을 생산하는 기업의 관점에서 볼 때 '그린 조달'은 환경 경영의 필수적 요소가 되었다.

니토베 이나조 1862~1933
농학자. 삿포로농업학교를 졸업하고 미국과 독일에 유학한 후 도쿄대학 등에서 가르쳤고 국제연맹 사무차장을 역임했다.

다이쇼시대 大正時代 1912~1926
정치, 사회, 문화 각 방면에서 민주주의, 자유주의 운동이 활발하게 일어난 시대. 다이쇼 데모크라시라고 하는 이 운동은 태평양전쟁이 끝난 후 민주주의를 형성하는 데 귀중한 유산이 되었다.

다자이 슌다이

에도시대 중기의 유학자

데밍상 Deming prise

1951년 일본과학기술연맹JUSE이 데밍의 업적을 기리기 위해 창설한 상으로 품질관리를 모범적으로 수행하고 있는 기업이나 공공기관에 주어진다.

데이비드 스미스 David Smith

1937년 출생. 2001년 홍콩시립대학교 총장 자문과 2003년 서울과학종합대학원 총장을 지냈다.

도기구사 磨種

이시다 바이간 독창의 용어로 마음을 청정하게 갈고닦음을 뜻한다.

도쿠가와 요시무네 德川吉宗

일본 에도 막부의 제8대 쇼군재위 1716~45. 침체되었던 에도 막부의 중흥을 이룬 쇼군으로 평가받는다. 도쿠가와 이에야스의 방계 후손으로 와카야마 현의 신판 다이묘親藩大名 집안 출신이다. 1716년 쇼군 직에 올라 중앙행정조직을 완전히 재편성한 교호개혁을 단행해 일시적으로나마 막부의 몰락을 막았다.

로버트 퍼트넘 Robert David Putnam

미국의 정치학자. 하버드대학 교수. 시민 참여와 시민사회, 사회적 자본에 관한 글로 유명하다. 그는 사회적 자본을 결합bonding 사회적 자본과 연결bridging 사회적 자본으로 구분한다. 결합 사회적 자본은 또래, 같은 인종, 같은 종교, 같은 사회화 과정, 동일한 특성들 사이에 생겨나는 사회적 자본을 말한다. 그는 다인종 사회에서 평화로운 사회를 만들기 위해서는 다른 사회적 자본, 즉 연결 사회적 자본이 필요하고 주장한다. 연결 사회적 자본은 다른 축구팀의 팬클럽과 같은 이질적인 집단 사이에 생기는 사회적 자본을 말한다. 두 사회적 자본은 상보적으로 강화한다.

리덩후이 李登輝

1988년 1월 13일 장징궈蔣經國의 뒤를 이어 총통 직에 올랐다. 타이완의 농업 현대화 추진과 외교 분야에 큰 업적을 남겼다. 1981~84년에는 타이완 정부 주석을 2차례 연임했고 1984년 제7회 타이완 부총통, 1988년 7월 국민당 주석으로 선출되었다.

마츠다이라 사다노부 松平定信

도쿠가와 막부의 제8대 쇼군인 요시무네의 손자로서 한때 쇼군의 후계자로 부상하기도 했다. 일찍이 학문을 사랑하고 재기를 발휘했던 그는 쇼군의 직접 통치권 밖에 있는 주요 영지인 시라카와 번白河藩의 번주藩主인 마츠다이라 사다쿠니松平定邦의 양자가 되었으며, 1783년 가문을 계승해 번주가 되어 재정과 행정조직을 재정비하는 데 힘썼다. 새 정부에 로주老中 :쇼군 직속의 최고 관직로 등용되어 12세기 중국 송대 주희의 주자학에 바탕을 둔 반

상업주의적 태도를 취했다. 1793년 쇼군과의 사소한 정책 논쟁으로 로주 직에서 물러나 유학 연구와 저술에 몰두하여 유교적인 지도자의 모범으로 평가받는다.

마츠시타 고노스케 松下幸之助

가전제품 제조회사인 마츠시타전기산업松下電器産業의 창립자. 초등학교 4학년 때 학업을 중단하고 오사카로 가 사환으로 일했다. 1910년 오사카전등大阪電燈의 견습공원이 되어 간사이關西 상공학교 야간부에서 공부했다. 1918년 독립해 소규모 소켓 제조소를 설립하고 1923년 자전거용 전지 램프를 개발한 이래 전기다리미, 라디오 등을 개발했으며 점차로 사업을 확장해 갔다. 독특한 경영이념과 경영수완으로 사업을 비약적으로 확장해 업계 제일의 판매력을 자랑하게 되었다. 산하에 많은 자회사와 관련 회사를 거느리며 사장과 회장 등을 지냈다. 1973년 마츠시타전기산업의 회장직을 사임하고 경영 일선에서 물러났다.

막번체제 幕藩体制

일본 근세의 가장 큰 특징은 막번체제를 근간으로 하는 봉건제도이다. 또한 크리스트교를 철저히 탄압하고 네덜란드 선박에 한해서만 무역을 허락하는 등 강력한 쇄국정책을 펼쳤다. 그리고 무가제법도를 정해 다이묘들에게 지키게 했는데 그 중 참근교대제는 에도와 영지를 왕복하며 일정 기간 에도에 머물게 해 다이묘들에게는 큰 재정적 부담을 안겼다. 또한 사농공상이라는 신분제도를 확립하였는데 전체 인구의 약 20%에 해당하는 무사는 특권을 누리고 약 80%에 해당하는 백성이라고도 불리는 농민은 연공 부담자로서 막번의 가혹한 통제 속에 궁핍한 생활을 했다. 한편 상공인은 비록 신분은 농민보다 낮지만 도시에서 생활하며 일정 영업세만을 내고 살았기 때문에 부를 축적하며 자유로운 생활을 했다. 그리고 무단에서 문단 정치로 전환된 시기로 정치의 중심인 유학을 장려하였다. 주자학은 물론 훈고학, 양명학, 국학, 난학, 실학 등이 발달했다. 또한 겐로쿠시대라 하여 전통문화도 크게 발달했다.

말콤 볼드리지 품질대상 Malcolm Baldridge National Quality Award
미국의 대일 경쟁력 회복을 목적으로 1987년에 제정된 상으로 1988년부터 시상해오고 있다. 포상 부문은 제조업, 서비스업, 중소기업으로 나뉘며 각 분야에서 최대 2개 업체에 수여한다.

메이지시대 明治時代
1868년 막부시대의 막이 내리고 메이지천황에 의해 시작된 시기. 천황은 '5개조서문'을 발표하고 수도를 도쿄로 천도하고 연호를 메이지로 칭하게 되는데, 그 이후를 메이지시대라고 부른다. 이런 정치개혁을 메이지유신이라고 한다. 메이지유신 이후 근대화로 접어든 일본 사회는 산업이 발달하여 자본주의 사회로의 현격한 발전을 이루게 된다.

셀 생산방식 Cell Manufacturing System
대량 분업 생산의 상징물인 컨베이어 라인이 없이 처음 공정부터 최종 공정까지 작업자가 책임을 지고 업무를 수행하는 자기완결형 생산방식

숙塾

메이지 이전의 근세 학교 교육은 무가武家 학교로서는 막부의 창평판학문소를 정점으로 하여 번이 설립한 번교가 있고, 서민층 학교로는 서당이 있었다. 이들을 양극으로 해서 중간 위치에는 향학鄕校, 사숙, 가숙家塾, 교유소敎諭所 등이 있었다. 가숙은 개인이 설립하여 경영하는 숙을 말하며, 교유소는 에도 중기 이후에 세워진 서민 교육기관으로 번이나 민간에서 설립한 향학이 겸하는 경우가 많았다.

스테이크홀더 Stakeholder

이해관계자. 기업의 사회적 책임CSR을 이야기할 때 가장 중요한 개념 가운데 하나. 프리먼Freeman의 『전략적 경영―스테이크홀더적 접근』이 출간된 이후 자주 사용되어왔다. 프리먼은 스테이크홀더를 "조직의 목표 성취에 영향을 미칠 수 있거나 조직의 목표 성취로 인해 영향을 받는 모든 집단과 개인"이라고 정의한다. 영국 애스턴시 '사회적 책임과 지속가능성협회' 공동회장을 맡고 있는 스튜어트 쿠퍼는 이 개념을 단순히 CSR을 위한 전략과 전술을 수립하는 개념에서 머무르지 않고, 이를 통한 기업의 사회적 성과CSP : Corporate Social Performance를 고찰할 때 사용한다. 그는 주주, 사원, 소비자, 공급자, 환경을 핵심 스테이크홀더로 내세운다.

시부사와 에이치 1840-1931

도쿠가와 막부의 신하였다가 메이지유신 이후에는 대장성 관리가 된다. 사직한 후에 '제일국립은행'을 설립하여 운영하였고 일본 근대산업에 관련된 거의 모든 일을 주도했다.

신도 神道

신도는 불교와 함께 일본인들의 두 가지 주요 종교로 지난 1,500년 동안 공존하면서 서로 영향을 끼쳐왔다. 일본 고유의 종교인 신도는 1868년 메이지유신 때부터 1945년 2차 세계대전 종전 시기까지 누렸던 특권적 지위를 박탈당했음에도 오늘날 여전히 일본인들의 모든 생활영역에 두루 스며들어 있다.

심학 心學

중국의 정주학程朱學과 대립되는 심즉리心卽理의 학문체계. 넓은 뜻으로는 마음을 수양하는 학문으로 유교 전체를 말하기도 하나 일반적으로 송나라 때의 육상산陸象山, 명나라 때의 왕양명王陽明이 제창한 학문을 일컫는다. 왕양명은 정주학을 비판하는 한편, 육상산을 높이 평가하여 "성인聖人의 학문은 심학이다."라고 규정하면서 심즉리를 근본 명제로 하고 손쉬운 실천방법을 내세웠다. 그러나 '심학횡류心學橫流'라는 폐단을 낳아 쇠퇴하였다. 이 심학이 유儒 불佛 도道 3교의 융합과 학문의 서민화 등에 끼친 영향은 크다. 이 책에서는 여기까지 들어간 개념이라기보다는 이시다 바이간이 창설한 석문심학을 일컫는 개념으로 사용되었다.

CSR Corporate Social Responsibility

기업의 목적인 이윤 창출과 함께 사회에서 요구하는 경제적, 사회적, 환경적 책임을 이행하는 것을 말한다. 즉 사회를 압박하는 여러 사회적 문제들의 해결을 위해 기업이 인적, 물적 자원 등을 동원해 도울 책임이 있다는 것이다. 금품 강요나 뇌물수수 등 부패 방지와 공해를 비롯한 여러 환경문제와 환경 친화 기술개발, 어린이 노동착취 금지, 여성과 소수 인종에게 동등한 취업의 기회 제공, 제품의 질, 작업장의 안전, 장애인 고용 등이 포함되는 광범위한 개념이다. CSR은 윤리 경영, 지속가능 경영, 메세나, 사회공헌 프로그램 등으로 발전하여 기업문화로서 정착하고 있다. 이것은 기업 또한 하나의 인격체이자 시민으로서 사회적 책임을 져야 한다는 인식이 커지면서 기업시민으로서 요구되는 책임과 의무가 날로 중요해지고 있기 때문이다.

야마가 소코 山鹿素行
에도시대 전기의 유학자, 병법학자

에도시대 江戸時代 1603~1868년
도쿠가와 이에야스德川家康가 지금의 도쿄인 에도에 막부를 수립한 이후 시기를 일컫는다. 에도시대는 전쟁이 없는 평화로운 시기였으며 대내적으로는 막번체제를, 대외적으로는 쇄국정책을 표방했다.

에드윈 라이샤워 Edwin O. Reischauer
오늘날 미국학계에서 동아시아학의 아버지라 불리기까지 하는 인물. 케네디 행정부 하에서 자신의 유일한 공직생활이었던 주일대사1961~1966 직을 지냈다. 이는 그의 동아시아학과 함께 그가 일본 도쿄에서 태어난 특이한 인연에서 비롯된 것으로 보인다.

요코이 쇼난 1809-1869

막부 말기의 사상가이며 개국론자. 메이지유신 후에는 정부 관리가 되었다.

유도리 교육 ゆとり敎育

여유 있는 교육이란 뜻으로 주입식 틀에서 벗어나 자율적인 교육을 강조한 공교육 체제이다. 사고력·표현력, 다른 사람을 배려하는 마음 등 '살아가는 힘'의 양성을 목표로 삼는다. 학생의 부담을 덜어주기 위해 수업시간뿐 아니라 교과목의 학습량을 대폭 줄였으며 절대평가제와 자율수업 격인 '종합학습 시간'이 도입됐다.

이하라 사이가쿠 1642-1693

오사카 출신으로 시인이며 작가였다. 성욕과 물욕이 온 세상을 지배하는 모습을 리얼하게 묘사하였고, 무사의 세계와 상인의 경제활동을 그려내기도 했다.

저팬 애즈 넘버원 Japan as Number 1

1979년 에즈라 보겔Ezra F. Vogel이 '저팬 애즈 넘버원Japan as Number 1: Lessons for America'을 발표하면서 사용되기 시작한 용어. 1980년대 일본인들은 이 말을 즐겨 썼는데 일본이 전후 고도성장 덕분에 제2의 경제대국으로 올라서면서 '일등국민'이라는 자부심이 대단했다. 소니의 워크맨, 도요타자동차로 대표되는 제조기술은 세계 최고로 칭송받았으며 종신고용제를 중심으로 하는 일본식 경영기법은 전 세계 기업의 벤치마킹 대상이 됐다.

컴플라이언스 compliance

고객 자산의 선량한 관리자로서 펀드매니저를 포함한 투자신탁 운용회사 조직원 모두가 '지켜야 할 것'과 '하기로 한 것'을 준수하는 일. 여기에서 '지켜야 할 것'에는 명문화된 법률규정뿐 아니라 투자 전문가로서의 직무 규범 및 윤리까지 포함한다.

코 원탁회의 The Caux Round Table

1986년 도덕적 자본주의 실현을 기치로 설립된 국제 경영자 단체. 무역마찰 완화, 미국 일본 유럽 간 경제·사회관계의 건전한 발전, 여타 지역에 대해 공동의 책임을 다하기 위한 기반 구축 등을 목적으로 스위스 코Caux에서 창설되었다. 94년 7월 'CRT 기업윤리원칙'을 발표했다.

코퍼레이트 거버넌스 Corporate governance

기업 통치 혹은 기업 지배구조라는 뜻으로 주주가 기업경영을 엄격히 감독하는 일. 특히 '공정성'을 중시하는 미국 기업에서 잘 이루어지고 있는데 그 대표적인 예로 사외이사제가 있다. 사외이사는 회사의 이해와는 관계없이 공정 공평의 관점에서 사회적 공헌도를 따지고 중장기적인 시야에서 자신들의 의견을 말한다. 가령 스톡옵션의 액수나 경영자의 보수 등에 대해서도 사외이사가 있어 의사 결정에 참여한다. 재무 담당자도 물론 참여하지만 의사 결정에 중요한 역할을 하는 것은 사외이사다.

탈코트 파슨스 Talcott Parsons

막스 베버의 제자로서 미국 사회학의 대가로 일컬어지는 인물. 그는 유럽의 사회학을 공부하고 마셜, 파레토, 베버, 뒤르켐을 정리하여 미국에 선보였다. 베버의 사회상을 적응, 목표 달성, 통합, 잠재적 패턴 등 네 가지 기능으로 분석하고 '기능주의'를 제창했다.

기능주의는 19세기 초의 유기체론에 뿌리를 두고 있다. 사회학에서 가장 오래된 시각이자 1970년대까지 사회학 이론의 지배적인 시각이었다. 기능주의는 콩트의 유기체론에서부터 비롯하여 스펜서와 뒤르켐, 그리고 초기 기능주의 인류학자인 말리노프스키와 래드클리프-브라운에게 영향을 미쳤다.

펀드 캐피털리즘 fund capitalism

펀드 자본주의. 세계적으로 연기금, 사모, 국부펀드 등 대형 펀드들의 위세가 날로 커지면서 생겨난 말. 기관투자가도 주주로서 경영진에게 투명성 제고와 지배구조 개선을 요구하는 것은 당연한 권리이자 의무라는 생각이 전제되어 있다.

누구를 위한 부의 축적인가

초판1쇄	2009년 1월 5일
재판1쇄	2016년 3월 15일

지은이	히라다 마사히코
옮긴이	양억관

펴낸이	김태광
펴낸곳	(주)도서출판 멜론

출판등록	2007년 5월 23일 제313-2007-000116호
주소	서울 마포구 잔다리로 39 로템아이앤씨빌딩 601
전화	02-323-4762
팩스	02-323-4764
이메일	mellonml@naver.com
블로그	mellonbooks.com

ISBN	978-89-94175-54-6 03190